A CONSTRUÇÃO DA MALDADE

OUTROS LIVROS DO MESMO AUTOR:

Ou Ficar a Pátria Livre: Ideias para o Combate Contra Pilantras, Tiranos e Populistas e o Monopólio Ideológico da Virtude

Jogando para Ganhar — Teoria e Prática da Guerra Política

Os Inocentes do Leblon: Uma Autobiografia do Idealismo

ROBERTO MOTTA

A CONSTRUÇÃO DA MALDADE

COMO OCORREU A DESTRUIÇÃO DA SEGURANÇA PÚBLICA BRASILEIRA

COPYRIGHT © FARO EDITORIAL, 2022
COPYRIGHT © ROBERTO MOTTA, 2022

Todos os direitos reservados.
Nenhuma parte deste livro pode ser reproduzida sob quaisquer meios existentes sem autorização por escrito do editor.

Avis Rara é um selo de Ciências Sociais da Faro Editorial.

Diretor editorial **PEDRO ALMEIDA**
Coordenação editorial **CARLA SACRATO**
Preparação **VALQUIRIA DELLA POZZA E DANI TOLEDO**
Revisão **THAÍS ENTRIEL**
Diagramação **CRISTIANE SAAVEDRA | SAAVEDRA EDIÇÕES**

Dados Internacionais de Catalogação na Publicação (CIP)
Jéssica de Oliveira Molinari CRB-8/9852

Motta, Roberto
    A construção da maldade : como ocorreu a destruição da segurança pública brasileira / Roberto Motta. — São Paulo : Faro Editorial, 2022.
    224 p.

    BIBLIOGRAFIA
    ISBN 978-65-5957-191-8

    1. Ciências sociais 2. Segurança pública - Brasil I. Título

22-1819   CDD 364.155

Índice para catálogo sistemático:
1. Ciências sociais

1ª edição brasileira: 2022
Direitos de edição em língua portuguesa, para o Brasil, adquiridos por FARO EDITORIAL.

Avenida Andrômeda, 885 — Sala 310
Alphaville — Barueri — SP — Brasil
CEP: 06473-000
www.faroeditorial.com.br

Dedicado à minha família

Este livro homenageia Alexsandro Fávaro, soldado da Polícia Militar do estado do Rio de Janeiro. Alex foi baleado no pescoço durante um tiroteio entre policiais e traficantes no Morro do Fogueteiro, em Rio Comprido, na cidade do Rio de Janeiro, em 2011. O ferimento o deixou tetraplégico. Tenho a honra de conhecer o soldado Fávaro. Através dele faço uma homenagem a todos os policiais do país. Eles são os verdadeiros especialistas em segurança.

Sumário

Introdução 15

Enquanto seu lobo não vem 23

O criminoso como vítima 33

Lobos, ovelhas e pastores 55

O criminoso em seu labirinto 75

O crime como escolha 113

O tapa na pantera:
a armadilha da
"legalização" das drogas 129

Menores infratores:
lógica em conflito com a lei 151

Desarmamento moral 167

A hipótese da maldade 175

O que deve ser feito 187

Posfácio 197

Bibliografia 203

Agradecimentos 205

Notas 207

"Os pobres colhem o que os intelectuais semeiam."
— *Theodore Dalrymple*

"Aqui a estatística tem ideologia."
— *Desembargador Edison Brandão*

A melhor época para visitar o Rio de Janeiro vai de março a setembro. Nesse período, a temperatura é mais amena e as multidões que vieram para o carnaval já voltaram para casa. O menino que caminha na calçada da rua Senador Vergueiro não sabe disso, claro. O que ele sabe é que daqui a poucos dias, 22 de março, será seu aniversário. Ele está feliz, deslumbrado com a cidade para onde sua família acabou de se mudar. O sol dessa manhã de outono ilumina o bairro do Flamengo, onde seus pais visitam um casal de amigos — seu Edson e tia Maria — proprietários de um objeto que, naquele ano de 1973, fascinava a todos: um aparelho de televisão colorido.

O menino leva na mão uma nota de 5 cruzeiros que ganhou do pai para comprar uma revista em quadrinhos. Segurando o dinheiro despreocupadamente, ele se aproxima da banca e vai olhando as revistas. De repente, a nota some da sua mão. Atônito, sem entender o que tinha acontecido, ele vira a cabeça para um lado e para o outro. Quando olha para o lado esquerdo, o menino ainda tem tempo de ver outro garoto, um pouco mais velho que ele, atravessando a rua, rindo. O garoto está levando sua nota.

O menino volta sem a revista e sem coragem de contar aos pais o que aconteceu. Cinquenta anos depois, ele ainda tem o hábito de levar o dinheiro dobrado dentro da mão fechada, protegido.

O menino sou eu.

Às 17h30 do dia 21 de março de 2001, depois de tomar banho e trocar de roupa, Lucas Terra, 15 anos, saiu de sua casa em Salvador. Antes, abraçou e beijou o pai. Foi o último abraço dos dois.

No dia 17 de agosto de 2002, Max Fernando, 26 anos, saiu de sua cidade rumo a Porto Alegre para escolher o terno de sua formatura. Seus pais nunca mais o viram com vida.

Na manhã 9 de dezembro de 2004, uma quinta-feira, Maria Cláudia, 19 anos, ligou de casa para a mãe, avisando que pegaria carona com uma amiga para ir à universidade. Foi a última vez que a mãe ouviu a sua voz.

Introdução

Minha vida no crime

No dia 13 de dezembro de 2021, uma segunda-feira de muito calor no Rio de Janeiro, eu postei nas redes sociais uma charge. O desenho mostrava uma mulher com um vestido branco, uma venda nos olhos, uma espada e uma balança — o símbolo da Justiça. Em uma das mãos a mulher segurava a ponta de uma corda; a outra ponta da corda estava amarrada em volta dos pulsos de um homem fardado — um policial — que, de cabeça baixa, olhava para o chão.

Com a outra mão, a mulher acariciava a cabeça de um ser medonho, calvo, sem camisa e tatuado, que trazia uma arma enfiada na cintura e um esgar diabólico no rosto.

O desenho — cujo autor eu desconheço — era uma crítica à Justiça. Ele foi acompanhado do seguinte texto (de minha autoria):

> No Brasil, nem o criminoso corrupto nem o criminoso violento têm punição efetiva.
> Não é por acaso.
> Trata-se de uma construção ideológica de décadas.
> Falar de combater a corrupção ou o crime sem encarar isso é pior do que fazer um discurso vazio; é entrar no jogo daqueles que destroem a justiça e promovem o caos com fins narcorrevolucionários.

Pouco mais de uma hora depois, alguém postou um comentário:

No Brasil, qualquer um com rede social se acha apto a dar parecer sobre matéria que não entende. Por exemplo, engenheiro dando palpite sobre direito.

Eu não costumo responder a comentários que considero ofensivos ou agressivos. Mas respondi a esse.
E a resposta foi:

Não só dar palpite. O engenheiro dá aulas, já escreveu quatro livros, centenas de artigos e até uma proposta de projeto de modificação da Lei Penal (que está no meu livro mais recente).

Eu poderia ter acrescentado várias outras coisas. Mas não foi necessário.
Minutos depois da minha resposta o comentário sumiu.
É compreensível a surpresa do meu crítico com a natureza e a intensidade do meu envolvimento com a segurança pública. Para explicar como isso aconteceu é preciso voltar no tempo até 1989, o ano em que Fernando Collor de Mello e Lula disputaram o segundo turno das eleições presidenciais — com a vitória de Collor. Em 1989, eu fui embora do Brasil.

Assim como todo brasileiro, a partir de algum momento em meados dos anos 1970, eu passei a viver com medo de ser vítima de um crime violento e indignado com a corrupção na sociedade, na política e no Estado. Esse sentimento foi crescendo até ficar insuportável e culminou na minha decisão de ir embora do Brasil em 1989. Passei quase 5 anos trabalhando no Banco Mundial e morando em Washington DC, a capital dos EUA. Em todo o tempo em que vivi nos Estados Unidos nunca conheci uma pessoa que tivesse sido vítima de um crime. A preocupação com a segurança pública não fazia parte da rotina dos americanos. As casas não tinham — e ainda não têm — muros. O contraste com a rotina dos brasileiros era gritante.

Retornei ao Brasil em 1994 e voltei a me sentir indignado com a rotina de medo do brasileiro. Depois da experiência de viver nos EUA, tive certeza de que o grau de insegurança do cidadão brasileiro não tinha uma explicação razoável.

Meu interesse por segurança começou a tomar uma forma mais estruturada por volta de 2003, quando fui trabalhar em uma multinacional americana com atividades na área de tecnologia, segurança e inteligência. Fui um dos primeiros a falar, no Brasil, sobre o uso de tecnologias C4I — comando, controle, comunicação, computação e inteligência — no combate ao crime. Peregrinei por várias Secretarias de Segurança — começando pela do Rio de Janeiro — e por instituições de inteligência e defesa em Brasília, falando sobre Centros de Comando e Controle (que depois viriam a se tornar comuns no país), interligação de bancos de dados e Centros de Fusão de Inteligência.

Em 2007, saí da multinacional e abri, em sociedade com um colega americano, uma empresa de tecnologia de segurança. Nosso objetivo era trazer para o Brasil um sistema desenvolvido por uma empresa da Califórnia para detecção de disparos de arma de fogo. Instalamos no bairro da Tijuca, no Rio de Janeiro, e no bairro Guajuviras, no município de Canoas, no Rio Grande do Sul, os dois primeiros sistemas do tipo implantados fora dos Estados Unidos. Viajei de Porto Alegre a Fortaleza apresentando a tecnologia. Ao mesmo tempo em que falava do sistema, eu aprendia como funcionava — ou não — o sistema de Justiça Criminal brasileiro.

Quando me envolvi na criação do Partido Novo, por volta de 2009 (o Novo foi criado por mim e por João Amoedo, como conto no meu livro *Os Inocentes do Leblon*), era natural que o assunto segurança pública estivesse entre as minhas preocupações principais. No processo de criação do partido, realizei centenas de reuniões com pessoas de todas as origens e classes sociais, em vários locais do país. Peguei novamente a estrada e fui a Porto Alegre, Salvador, Sorocaba, Cabo Frio, São Paulo e Petrópolis. Não importava onde eu estivesse; o medo de ser vítima de um crime violento era o denominador comum que unia a todos.

Eu começava minhas apresentações pedindo o seguinte: "Por favor, quem já foi assaltado, levante a mão". Do Rio Grande do Sul ao Rio Grande do Norte, de Salvador a Manaus, a resposta era sempre um oceano de mãos levantadas.

Em 2014, conheci o procurador de justiça do Ministério Público do Rio de Janeiro, Marcelo Rocha Monteiro, que se tornou meu amigo e guru e, por assim dizer, me abriu as portas do mundo do crime. Por intermédio dele, ou junto com ele, conheci bravos guerreiros da causa da segurança pública. Eles estão em todos os lugares: são policiais, delegados, praças e oficiais da Polícia Militar, juízes, desembargadores, promotores, procuradores, policiais federais e rodoviários federais e muitos, muitos cidadãos comuns, como o querido Zeca Borges, que nos deixou há pouco, responsável pela criação e direção, por décadas, do Disque-Denúncia, uma das iniciativas de combate ao crime mais importantes e bem-sucedidas do país.

Conversas e contatos me levaram a conferências, encontros e a uma vasta literatura sobre crime e Justiça, que permanece desconhecida do público brasileiro e totalmente ignorada pela mídia e pelas escolas e universidades.

Arranjei um jeito de conciliar minhas atividades profissionais em empresas privadas com essa busca por entender o que tornava — e ainda torna — o Brasil um dos lugares mais perigosos do mundo. No fim de 2017, deixei o emprego como CEO de uma empresa de mídia para dar um salto triplo carpado para dentro da política. Fui candidato a deputado federal pelo Rio de Janeiro, mas, embora tenha sido o segundo mais votado do partido, com 17.080 votos, não consegui me eleger. Meu histórico profissional e o conhecimento sobre as questões de segurança, porém, me renderam um convite para a missão mais importante da minha vida: coordenar a transição da segurança pública do Rio de Janeiro, que então se encontrava sob intervenção federal.

Fui responsável pela coordenação da transferência das atividades do Gabinete de Intervenção Federal para as recém-criadas Secretarias de Polícia Civil e Militar. Em seguida, assumi por um curtíssimo espaço de tempo a Secretaria de Segurança do Estado (a Seseg), até que ela fosse extinta. Posso dizer que fui o último secretário de Segurança do Rio. O que testemunhei naquele período daria outro livro (que um dia será escrito).

Assim, sem perceber, esse engenheiro intrometido foi caminhando até chegar onde estou hoje: no front da luta — moral, intelectual e, cada vez mais, espiritual — contra o crime que estraga a vida do brasileiro.

Não sou policial, não sou militar nem operador do direito. Aqueles que monopolizam o debate sobre segurança pública no Brasil dizem que eu não tenho *lugar de fala*.

Sou apenas um estudante atento, com o privilégio de ter tido grandes mestres, acesso à boa informação e uma experiência transformadora no ponto central do combate ao crime no Brasil: o Rio de Janeiro. Sou apenas alguém que procura respostas com a mente aberta, examinando a realidade e usando como instrumentos os conceitos morais e éticos que estão na base da civilização ocidental, além de bom senso, lógica e sentimento de justiça.

Sou apenas um cidadão comum que, ao estudar o crime, fez duas descobertas: uma ruim e uma boa. A ruim é que o problema do crime é muito mais grave do que se imagina. Se o brasileiro médio — aquele que ainda se informa pelo noticiário da TV — soubesse o que os policiais sabem, talvez não tivesse coragem de sair de casa. A descoberta boa é que a saída desse labirinto está muito mais próxima do que parece. Existe todo um ecossistema de organizações e profetas que vive de vender o apocalipse, de dizer que a crise de criminalidade do Brasil não tem remédio.

É claro que tem.

Os caminhos para sair da crise não são nenhuma novidade. Eles foram descobertos há bastante tempo, já foram testados e comprovados em outros países e descritos com detalhes em trabalhos científicos e dezenas de publicações. Vários desses trabalhos e seus autores serão apresentados neste livro, que também traz, ao final, uma pequena bibliografia com alguns dos melhores trabalhos sobre segurança e combate ao crime.

Este não é um livro sobre aviação, proteção às tartarugas marinhas, montagem de computadores, empreendedorismo, criptomoedas ou escultura. Esses são assuntos agradáveis e interessantes, sobre os quais a maioria das pessoas gosta de falar. Este é um livro sobre segurança pública — sobre crimes, criminosos, polícia, sentenças, juízes e prisões. Esse é um assunto sobre o qual *quase ninguém gosta de falar*. Entretanto, no Brasil de hoje, não há assunto mais importante.

É absolutamente necessário falar sobre segurança e combate ao crime. E falar com base em evidências: fatos, dados, relatos e análises de quem está na linha de frente. É preciso demolir mitos e mentiras e explicar — *demonstrar* — ao cidadão brasileiro que sua rotina não precisa ser pontuada e moldada pelo medo de ser vítima do crime.

A hora de pensar sobre segurança e discutir o que pode ser feito é agora, quando você tem este livro em mãos, ou quando, já de posse das informações reais sobre o que está acontecendo, você participa de reuniões no seu prédio, no seu bairro ou na escola dos seus filhos. A hora de discutir a segurança pública é quando você está no gabinete de algum gestor público, ou quando questiona candidatos a cargos eletivos sobre as ideias e planos deles. *Esses são os momentos em que é possível fazer alguma coisa pela segurança pública.* Quando você está caminhando na rua e dois homens em uma moto vêm em sua direção, ou quando você está parado ao volante do seu carro, esperando um sinal de trânsito abrir, com seus filhos no banco de trás, e alguém bate com o cano de uma arma no vidro da janela, já é tarde demais.

A HORA DE AGIR CONTRA O CRIME É *ANTES* DE SER VÍTIMA DELE.

A CONSTRUÇÃO DA MALDADE

Faço parte, talvez, da última geração de brasileiros que se lembra de um Brasil onde era possível andar com tranquilidade na maioria das ruas da maioria das cidades, na maior parte do tempo. Até 1973 minha família morou em Salvador, na Bahia; andávamos por todos os lugares, sem problema algum. Não me lembro, em toda a minha infância, de, sequer uma única vez, ter tido qualquer tipo de preocupação com segurança. Morávamos em uma casa com muro baixo e portão sempre aberto para a rua. Nas tardes de calor de Salvador, brincávamos soltos nas ruas da cidade. Havia pobreza, claro, talvez até mais dura e menos esperançosa do que hoje; mas não havia crime — não com a onipresença e a intensidade que conhecemos atualmente. E esse crime sem controle atinge com mais intensidade justamente quem é mais pobre, quem vive em favelas e bairros das periferias.

Esse Brasil — onde o medo não habitava nossas horas acordadas nem assombrava nosso sono de forma intensa — está logo ali, no passado recente. A crise de criminalidade na qual o Brasil está mergulhado hoje não era inevitável; como este livro vai mostrar, *não há nenhuma relação entre a situação econômica do Brasil e a insegurança criminosa do nosso cotidiano.*

Da mesma forma que a crise não era inevitável, ela não é irreversível.

Uma das missões deste livro é explicar ao leitor que é muito mais fácil estancar e reverter a destruição de nossa segurança do que nos dizem os "especialistas", porque **A CAUSA PRINCIPAL DO CAOS DA SEGURANÇA PÚBLICA BRASILEIRA SÃO AS IDEIAS — E A IDEOLOGIA — QUE PASSARAM A DOMINAR AS POLÍTICAS PÚBLICAS E O SISTEMA DE JUSTIÇA CRIMINAL.**

Este livro vai sugerir o que é necessário fazer para transformar o Brasil em um país seguro.

Isso não é só possível; mas também pode acontecer *em muito pouco tempo.*

Enquanto escrevo este prefácio, uma eleição presidencial se aproxima e, mais uma vez, recomeça o debate sobre o "combate à corrupção". Como espero demonstrar, é impossível combater a corrupção sem combater, ao mesmo tempo, o crime em geral e, especialmente, o crime violento.

A corrupção, a desordem urbana, o crime que acontece em qualquer hora e lugar e a inacreditável tomada de territórios de nossas cidades por narcotraficantes são sintomas de uma mesma causa raiz: a impunidade.

No Brasil, estabeleceu-se a inacreditável e absurda ideia de que a punição de criminosos *é um atentado aos direitos humanos.*

Para retomar nossas ruas para os cidadãos de bem, dar às famílias brasileiras — independentemente de etnia, classe social ou poder econômico — tranquilidade para criar seus filhos, e garantir a segurança necessária ao desenvolvimento econômico, precisamos começar do início: perguntando para que serve — e a quem serve — o sistema de Justiça Criminal.

Dizia-se, sobre a antiga Prússia, que não era um país que possuía um exército, mas um exército que possuía um país. Da mesma forma, a menos que comecemos a reagir, o Brasil deixará de ser um país que sofre uma crise de criminalidade para se transformar em um grupo de facções criminosas que controla o país.

Este é um livro para leigos que traz alertas, esperança e ideias.

Porque o combate ao crime começa, sempre, com as ideias certas.

Enquanto seu lobo não vem

Você já foi assaltado. Quase todo mundo que você conhece já foi assaltado. A maioria de nós conhece alguém que foi baleado, ferido ou morto em um assalto. Essa é a vida que vivemos no Brasil.

Isso não é normal. Todo brasileiro sofre diariamente com uma infinidade de pequenos delitos ou graves crimes que ameaçam sua segurança, como sequestro-relâmpago, *saidinha de banco* e assaltos a motoristas e a pedestres. Na minha família, todos já sofreram o golpe do falso sequestro: o telefone toca às 2 da manhã e, quando você atende, ouve um bandido gritando palavrões, ligando direto da cela de uma penitenciária, dizendo que sequestrou seu filho. Nossas cidades estão cheias de "flanelinhas" — guardadores de carros — que recorrem a ameaças para cobrar quantias extorsivas.

Quando se trata de segurança pública, é comum que o cidadão brasileiro sinta que nada funciona, nada nos protege, nada nos salvará. Vivemos com medo, planejando vidas e rotinas na tentativa de evitar situações de perigo.

Mas o perigo está em toda parte e nos espera a qualquer hora.

Por isso é tão importante falar sobre crime em uma linguagem clara, sem os termos complicados usados por advogados, antropólogos, sociólogos, cientistas políticos e todos os outros que se intitulam *especialistas* em segurança pública.

Vamos começar do início, usando as palavras certas: o mal que aflige o Brasil não é "violência", é *crime*.

Crime é um termo objetivo — um ato que fere um direito de outra pessoa, ou até a própria pessoa, e que tem sempre autores e vítimas. "Violência" é um termo abstrato e com significado relativo, que depende do contexto. A violência pode ser negativa (quando usada, por exemplo, para cometer um crime) ou positiva (quando usada para proteger um inocente indefeso ou impedir que um crime violento seja cometido).

O Brasil não é um país *violento*. As pessoas comuns não saem dando murros e atirando umas nas outras nas ruas. O brasileiro médio é gentil e cordial, independentemente de ter mais ou menos recursos e instrução. O problema do Brasil é uma grave *infestação pelo crime* em todas as suas formas. **O PROBLEMA DO BRASIL É UMA *CRISE DE CRIMINALIDADE*.**

Nenhum assunto é mais importante do que esse. Para que nossa vida melhore, é preciso entender o que tornou o Estado brasileiro tão incompetente para realizar uma de suas funções mais básicas: garantir nossa segurança. É preciso conhecer os fatos.

E os fatos são chocantes.

Há muito tempo o Brasil vive uma guerra civil não declarada, na qual apenas um dos lados está armado. Já chegamos a ter 65 mil pessoas assassinadas em apenas 1 ano, em 2017, quando nosso índice de homicídios chegou a 31,6 crimes por 100 mil habitantes.[1] Para entender o que isso significa, é preciso saber que, nesse mesmo ano, o índice de homicídios dos EUA foi de 5,3 por 100 mil habitantes, o da Inglaterra de 1,2, o da Alemanha de 1 e o do Japão de 0,2 homicídio.[2]

Para entender o que significa essa taxa de 31,6 homicídios por 100 mil habitantes é indispensável saber que a taxa média de regiões de guerra como Iraque, Sudão, Afeganistão, Somália e Caxemira é de onze homicídios por 100 mil habitantes.[3]

Na América do Sul, um continente violento, nossa taxa de homicídios nos coloca na frente da Argentina (com 5,3 homicídios por 100 mil habitantes), Paraguai (com 7,1), Uruguai (com 12) e Peru (com 8). Somos ultrapassados apenas por Venezuela (com 36,7) e México (com 29,1).[4]

No Brasil, em 2016, 100 municípios ultrapassaram a taxa de 50 homicídios por 100 mil habitantes.[5] Alguns números beiram o inacreditável, como a taxa de 101,7 homicídios por 100 mil habitantes de Porto Seguro, na Bahia; de 129,5 homicídios de Ceará-Mirim, no Rio Grande do Norte; e de 134,9 homicídios em Queimados, no Rio de Janeiro.[6]

O mais impressionante é que, das dezenas de milhares de homicídios registrados todos os anos no Brasil, apenas 8%, em média, são esclarecidos.[7] Nos Estados Unidos, entre 1980 e 2005, a taxa mais baixa de elucidação de homicídios foi de 62%.[8]

ENQUANTO SEU LOBO NÃO VEM

O número de pessoas que desaparecem todos os anos no Brasil é igualmente assustador. Em 2020, foram registrados 63 mil desaparecimentos em delegacias de todo o país.[9] Considerando-se que boa parte dos casos é de homicídio em que o corpo da vítima não é encontrado, é provável que nossa taxa de homicídios seja muito mais alta do que o número oficial.

Sei que são muitos números e estatísticas. É difícil compreender a dimensão do que ocorre no Brasil. Para ajudar, segue o primeiro dos dois gráficos contidos neste livro. Veja esse mapa do mundo. O Brasil, sozinho, tem mais homicídios que todos os países marcados em preto *somados*.

GRÁFICOS QUE TODO **BRASILEIRO** PRECISA VER

O NÚMERO DE **HOMICÍDIOS NO BRASIL**
É IGUAL A SOMA DE TODOS OS PAÍSES EM PRETO NO MAPA

De acordo com os dados da ONU para 2015,
150 países e territórios somaram 55.525 homicídios.
O Brasil sozinho teve 55.574 homicídios

Fundação **INDIGO** de políticas públicas

Fonte: Escritório das Nações Unidas sobre drogas e crimes

No Brasil são registrados quase 2 milhões de assaltos por ano *apenas nas capitais*.[10] *São quatro assaltos por minuto.*

Esses, é claro, são apenas os assaltos que chegaram ao conhecimento da polícia, aqueles nos quais o cidadão sofreu algo tão grave, ou perdeu um bem de

25

tamanho valor, que foi necessário realizar o registro de ocorrência em uma delegacia. Na maioria dos casos, o cidadão não se dá mais ao trabalho de fazer o registro.

Instintivamente, por experiência própria, o brasileiro tem a sensação de que o registro de um assalto adianta muito pouco. Os dados mostram que o instinto do cidadão está correto. O assalto é um crime que permanece, quase sempre, impune. Vamos ver, por exemplo, o caso do Rio de Janeiro. Em apenas 2 anos (2015 e 2016), ocorreram 350 mil roubos; roubo é a subtração de algo através de violência ou grave ameaça; é o termo técnico para assalto.

Desses 350 mil assaltos ocorridos no Rio, só um em cada 53 foi elucidado. Façam as contas. Isso significa que apenas 1,88% dos assaltos é elucidado.*

E isso não quer dizer que o criminoso foi preso nesses casos, apenas que o autor do assalto foi identificado.

Vamos entender o que essa estatística significa: suponha que você resolva abrir um negócio. Por exemplo, uma pizzaria. Depois de um enorme esforço enfrentando a burocracia, investindo dinheiro do seu próprio bolso e pegando um empréstimo no banco, seu restaurante finalmente começa a funcionar. Você tem que lidar com fornecedores, funcionários, impostos, clientes, concorrência e, é claro, com o crime. Segundo as estatísticas disponíveis,[11] sua chance de sucesso (a chance do seu restaurante sobreviver mais que 5 anos) é de 40%.

Mas se, em vez de abrir um restaurante, você resolver *assaltar* um restaurante, sua chance de sucesso sobe para 98%.

Essa é uma das formas de explicar a crise de criminalidade do país.

Josefa esperava na fila do ônibus, às 4h30 da madrugada de uma segunda-feira, em um subúrbio distante do Rio de Janeiro, quando vários indivíduos em motos apareceram e começaram um arrastão. Todos os que estavam na fila — operários, empregadas domésticas, trabalhadores — tiveram seus pertences roubados e foram agredidos. Josefa viu sua bolsa ser arrancada, foi empurrada com violência para o chão e machucou o pescoço.

---

* Para comparação, a taxa de elucidação de assaltos nos EUA na época da criminalidade mais elevada — os anos 1980 e 1990 — foi de 25%. Barry Latzer, *Ascensão e Queda do Crime Violento*, Encounter Books, p. 160.

Eu conheço Josefa.

A mãe de Josefa, dona Deolinda, mora em Mari, um bairro na periferia de João Pessoa. Certo dia, um caminhão parou na porta do casebre em que ela mora; desceram homens armados que colocaram no caminhão todos os móveis e objetos de dona Deolinda. Tudo o que a senhora de 94 anos possuía foi roubado.

A rotina do crime no Brasil desafia nossa credulidade.

Quem comete um crime não viola apenas as leis de um Estado. Quem comete um crime viola os direitos de uma ou de várias pessoas — as vítimas —, subtraindo sua propriedade, atacando sua integridade física, devastando sua intimidade sexual ou destruindo a própria vida.

CRIME É O NOSSO PROBLEMA MAIS GRAVE. É COM ELE QUE OS POLÍTICOS DEVERIAM GASTAR 90% DO SEU TEMPO. Não deveria haver mais recesso parlamentar, recesso do Judiciário nem qualquer feriado oficial até que parasse de morrer uma pessoa assassinada a cada dez minutos.

Dez minutos é o tempo de andar até a padaria da esquina para comprar um pãozinho.

Dez minutos é o tempo de esperar o filho na porta da escola.

Em dezembro de 2021, recebi um convite que me honrou: apresentar minha visão sobre justiça, moral e crime em um curso promovido pela Escola Superior do Ministério Público da União.

Depois da apresentação, como sempre, respondi a perguntas. Uma delas veio de uma pessoa que se identificou como policial, com experiência no combate a plantações de maconha no Nordeste brasileiro.

O policial disse que, com frequência, nessas operações, a única pessoa que acabava sendo presa era alguém humilde, que estava trabalhando como vigia na plantação de maconha. Ele queria saber por que a polícia não fazia um esforço maior para prender os responsáveis pela plantação, em vez de deter pessoas humildes.

"Eles precisam ir atrás dos tubarões do tráfico. Não adianta prender o bagrinho que fica tomando conta da plantação de maconha", disse ele.

É um argumento parecido com outro que já ouvi muitas vezes, vindo, quase sempre, de pessoas bem-intencionadas. O argumento é mais ou menos assim: "Não adianta prender o traficante pé de chulé, que está na favela portando um fuzil. Tem que ir atrás dos grandes traficantes, que não moram na favela, moram na Vieira Souto".

Esse tipo de argumento, em geral, é aceito como correto, e como uma demonstração da inutilidade dos esforços atuais de combate ao tráfico de drogas.

Mas examinemos o argumento.

Primeiro, é evidente que os criminosos que comandam as organizações — os chefões — são muito mais difíceis de ser capturados. O enorme volume de dinheiro que o narcotráfico movimenta dá a esses criminosos o acesso aos melhores advogados e possibilita que façam uso de mecanismos sofisticados para se proteger de investigações. As fortunas geradas pelo tráfico também corrompem os agentes do sistema de Justiça Criminal em *todas* as instituições, comprando impunidade em todos os níveis e de todas as formas.

Isso acontece em todos os países.

Isso é motivo para desistir de combater o crime e o tráfico? É evidente que não.

Esse tipo de questionamento é, na verdade, uma versão de um argumento falacioso que diz que "ou se faz tudo ou então não se pode fazer nada". Ou a polícia e a Justiça conseguem investigar, prender, julgar e condenar *todos* os envolvidos, ou então ninguém pode ser preso e nada pode ser feito.

Mas isso não corresponde à realidade. Na vida real, as operações são quase sempre incompletas, porque **O COMBATE AO CRIME É UMA LUTA ASSIMÉTRICA**, na qual **O LADO DO CRIME DESFRUTA** de muitas vantagens e **DA POSSIBILIDADE DE VIOLAR A LEI — ESSA É A NATUREZA DA ATIVIDADE CRIMINOSA**.

Não é possível esperar por condições perfeitas para combater o crime. Essas condições não existirão nunca. O combate ao crime tem que ser feito agora, dentro das restrições e com todas as dificuldades atuais, da forma que for possível. É assim que se ocupa o espaço sequestrado pelo criminoso e se acaba com os benefícios econômicos produzidos pelo crime.

Cada plantação de maconha destruída é menos dinheiro no bolso dos criminosos. Cada "bagrinho" preso por ter vigiado plantações do tráfico envia um sinal à sociedade de que essa atividade não será tolerada — especialmente se a sentença à qual ele for condenado for severa.

Existe outro erro grave de lógica e moral em um argumento que minimiza o papel do "pequeno trabalhador" do crime. Veja: se não houvesse ninguém disposto a vigiar uma plantação de maconha, ou a segurar um fuzil para defender uma boca de fumo, não haveria tráfico.

O "bagrinho" não é nenhum pobre coitado que, ingenuamente, foi envolvido, sem perceber, em uma atividade criminosa. O "trabalhador do tráfico", na verdade, é alguém que, conscientemente, escolheu fazer parte de uma organização criminosa — que viabiliza sua existência.

Sem o "bagrinho", sem o "vapor", sem o olheiro e sem o "soldado" armado de fuzil, o tráfico de drogas não existiria.

Crime é uma escolha, e os custos e benefícios resultantes dessa escolha determinam se vamos viver em um país decente ou em um inferno de sangue, corrupção e violência.

Antes de cometer um crime, o indivíduo se faz duas perguntas:

"Qual é a chance de me prenderem?"

"O que acontece se eu for preso?"

Foi o que disse o ganhador do Prêmio Nobel de Economia de 1992, o economista americano Gary Becker:

"O INDIVÍDUO, ANTES DE COMETER UM CRIME, COMPARA OS CUSTOS E OS BENEFÍCIOS. CRIMINOSOS SÃO MOVIDOS POR INCENTIVOS."[12]

Cometer um crime precisa ser um mau negócio. No Brasil de hoje, com raríssimas exceções, o crime é um *ótimo* negócio.

Isso tem que mudar.

Mas a mudança no sistema de Justiça Criminal não ocorrerá enquanto a discussão sobre crime e justiça tiver como base as ideias erradas.

É isso que está acontecendo.

É difícil, quase impossível, encontrar um político que se interesse de verdade por segurança pública. É uma batata quente da qual a maioria prefere nem tratar. Por isso a maior parte dos políticos entende pouco ou quase nada do assunto — inclusive prefeitos e governadores.

A apatia predomina na sociedade civil. Embora ameaçado diariamente de todas as formas, o cidadão se tornou refém da bandidolatria e do politicamente correto que dominam nossa cultura e se infiltram nas instituições.

"Prender não adianta", dizem. Somos ovelhas com pena dos lobos.

A sociedade não consegue e não quer discutir e entender as causas do caos da criminalidade brasileira.

Tudo se resume a ligar para o batalhão mais próximo e pedir "uma viatura".

Os desabafos acalorados nas redes sociais não geram nenhuma ação concreta e sustentável.

Em março de 2018, uma pessoa que conheço foi assaltada na Tijuca. Apontaram uma arma para ela e seu filho e levaram o carro. Na delegacia, ela soube que tinha sido a sexta vítima dos mesmos assaltantes em poucas horas, e foi aconselhada pelo policial que a atendeu a não sair de casa à noite.

Mas sabe o que é curioso? Ao saber o que havia acontecido, eu a convidei para participar de uma reunião que seria realizada na terça-feira seguinte, para discutir segurança pública.

Sabe qual foi a resposta dela?

"Dia de semana eu não posso", disse ela, "tenho curso. Será que não tem evento no fim de semana?"

Pois é.

Crime se combate com o sistema de Justiça Criminal: polícias, Ministério Público, Judiciário e sistema penitenciário. **ENSINO, ASSISTÊNCIA SOCIAL, ESPORTE E CULTURA SÃO MUITO IMPORTANTES,** *MAS NÃO TÊM A VER COM A SEGURANÇA PÚBLICA*. Entre outras coisas, **FOI ESSA CONFUSÃO** — achar que se combate crime com "educação e esporte" — **QUE NOS TROUXE À SITUAÇÃO EM QUE ESTAMOS HOJE, DE QUASE FALÊNCIA COMPLETA DA AUTORIDADE DO ESTADO**.

Nosso sistema de Justiça Criminal foi sendo destruído gradativamente nas últimas décadas, sempre em cima do pensamento absurdamente equivocado que pede "menos prisões e mais escolas" e afirma que "prisão não adianta porque não ressocializa".

Mas a narrativa de que a luta contra o crime é uma "guerra perdida" é uma falácia criada por ideólogos. É como dizer que devemos parar de tomar banho, porque lutar contra a sujeira é uma guerra perdida.

Crime é escolha.

Quer ter certeza?

Pergunte ao próximo garoto que você encontrar vendendo água mineral em um engarrafamento o quanto ele poderia estar ganhando se tivesse escolhido trabalhar para o tráfico de drogas da sua "comunidade".

> ### A HISTÓRIA DE ALEX SCHOMAKER
>
> Em uma noite do verão de janeiro de 2015, Alex Schomaker, de 23 anos, deixou a sala de aula onde cursava biologia, no campus Praia Vermelha da Universidade Federal do Rio de Janeiro (UFRJ), para voltar para casa. Alex caminhou, como sempre fazia — com a tranquilidade e senso de imortalidade de todo jovem — até um ponto de ônibus ao lado do portão de entrada do campus.
>
> É um local movimentado, de tráfego intenso, quase em frente a um shopping e à filial de uma famosa cadeia de restaurantes. Milhares de pessoas passam por ali todos os dias.
>
> No ponto, Alex esperava o ônibus que o levaria para casa, ao encontro de seus pais, Andrei e Mausy Schomaker Bastos. Quantos pais no Rio de Janeiro não esperam, acordados, até seus filhos voltarem para casa?
>
> Naquela noite, Andrei e Mausy esperariam em vão.
>
> Por volta das 21 horas, dois homens em uma moto se aproximaram do ponto de ônibus onde estava Alex. Não se sabe a sequência exata dos eventos, o que se sabe é que os homens da moto eram criminosos e tentaram assaltar o estudante que esperava o ônibus.
>
> Alex deve ter tomado um susto e reagido instintivamente, segurando sua mochila.
>
> A reação custou sua vida.
>
> Os criminosos dispararam uma arma várias vezes. Alex foi atingido por cinco tiros.
>
> De acordo com policiais, os criminosos fugiram sem levar nada.
>
> Alex foi socorrido por funcionários do Hospital Municipal Rocha Maia, que fica a poucos metros do local. Devido à gravidade dos ferimentos, ele precisou ser transferido para o Hospital Miguel Couto, no Leblon, onde morreu poucos minutos depois de chegar.

Dois meses após do crime, o prefeito Eduardo Paes assinou um decreto que transformou o local onde Alex morreu em uma praça. O espaço foi nomeado Praça Alex Schomaker Bastos e passou por obras, recebendo um jardim e câmeras da CET-Rio. A mãe do estudante fez questão de uma placa com a frase "Jovem biólogo morto neste local pela violência urbana".

Mas Alex não foi assassinado pela "violência".

Alex foi assassinado por Anderson L. B. e William A. N., dois criminosos que foram julgados e condenados a 28 anos de prisão.[13] O juiz também condenou os assassinos ao pagamento de uma multa no valor de 1/30 (um trinta avos) do salário-mínimo vigente na época do crime durante cinquenta dias. O valor da multa era equivalente a 26 reais.

O criminoso como vítima

No dia 1º de março de 2020, domingo, um quadro do *Fantástico* do qual o dr. Drauzio Varella participava emocionou o público. O programa mostrou a vida de mulheres transexuais em presídios e contou a história de solidão na cadeia da transexual Suzy de Oliveira. Em entrevista ao médico, Suzy disse que não recebia visitas fazia 8 anos. Além da solidão, ela falou sobre a dura rotina das mulheres trans no cárcere. "Na cadeia você é obrigada a se prostituir por uma pasta de dente, um sabonete, um prato de comida."

Comovido, o dr. Drauzio não se conteve e expressou sua solidariedade à presa na frente das câmeras, que transmitiam a cena para milhões de pessoas em todo o país. "Solidão, né minha filha?", disse o médico. A essas palavras se seguiu um abraço emocionado dos dois, que levou inúmeros telespectadores às lágrimas.

A comoção pelo sofrimento de Suzy contagiou o país. Passados apenas cinco dias da "reportagem" do *Fantástico,* Suzy já havia recebido 234 cartas, seis livros, duas bíblias, maquiagens, chocolate, envelopes e canetas.[14] As cartas e os presentes vieram de Guarulhos, Birigui, Taubaté, Americana, Pirapozinho, Mogi das Cruzes, Paulo de Faria e Tabatinga. Outros estados que mandaram correspondência para Suzy foram Distrito Federal, Salvador (BA) e Itabuna (BA), Recife (PE), Joinville (SC), Vitória (ES) e Rio de Janeiro (RJ).

Dias depois — e ainda em meio à comoção geral —, descobriu-se que Suzy — ou Rafael Tadeu de Oliveira Santos, seu nome de batismo — havia sido condenada a 36 anos e oito meses de prisão *por estuprar e matar uma criança de 9 anos.*

Conta Marcelo Rocha Monteiro:

O pequeno Fábio tinha apenas 9 anos, mas era bem conhecido no bairro onde morava (União de Vila Nova, Zona Leste da cidade de São Paulo). Todos o adoravam. "Aqui ele era um filho para todo mundo, não só para mim. Ele via uma senhora com sacola e perguntava: 'Quer ajuda?'", lembra seu pai, Emerson.

Numa segunda-feira do mês de maio de 2010, um vizinho da família de Fábio, de nome Rafael Tadeu de Oliveira Santos, na faixa dos 20 anos, abusou sexualmente do menino, praticando sexo oral e anal com ele. Em seguida, para assegurar sua impunidade, Rafael matou Fábio, estrangulando-o, e escondeu o corpo em sua própria casa. Passados dois dias, com o corpo em decomposição, o assassino decidiu abandonar o cadáver em um terreno quase em frente à residência dos pais de Fábio, a essa altura já desesperados pelo desaparecimento do filho. Cinicamente, Rafael foi informar à mãe de Fábio que havia "encontrado" um cadáver ali perto.

Desmontada a farsa pela investigação da polícia, Rafael foi processado por estupro e homicídio triplamente qualificado, sendo afinal condenado a 36 anos de prisão (sentença transitada em julgado).

Mas que tipo de pessoa era Rafael Tadeu? Pergunta Marcelo Rocha Monteiro. E ele mesmo responde:

> Sua tia, Carlita, prestou depoimento no processo e disse que seu sobrinho "roubava, mentia [...] depois dos 12 anos começou a roubar com arma, usava maconha [...] Foi acusado de estar abusando de uma criança de 3 anos, e os parentes da criança foram na minha casa atrás dele, querendo matar ele [...] Foi passar férias na casa do irmão e tentou estuprar o sobrinho de 5 anos [...] Na escola era acusado de roubar os professores, de estupro [...]".

Durante a reportagem, o dr. Drauzio não havia feito nenhuma pergunta sobre o estupro e a morte do pequeno Fábio, e essa informação não foi fornecida em momento algum do programa. Os telespectadores nem sequer ficaram sabendo por que tipo de crime Suzy estava cumprindo pena.

Ora, que importância tem um crime, não é mesmo? Que importância tem a vítima, diante da "solidão" do seu estuprador e assassino? Que diferença faz se a vítima era uma criança de 9 anos?

Essas perguntas ainda não foram respondidas.

Em resposta à avalanche de críticas e indignação — inclusive dos pais da criança assassinada por "Suzy" —, o dr. Drauzio Varella declarou: "Não sou juiz".[15]

Aqueles que dizem que criminosos são seres humanos e precisam ter seus direitos garantidos estão me dizendo o que eu já sei. Mas aqueles que presumem que esses direitos — os direitos de quem, por livre e espontânea vontade, violou a lei, agrediu, estuprou e matou — devem ter absoluta precedência sobre os direitos dos cidadãos de bem estão cometendo um erro de lógica e moral grosseiro demais para ser acidental.

Se faço alguma concessão no enfrentamento da mentalidade bandidólatra sobre segurança pública, seria esta: estou disposto a aceitar como louvável e moralmente sólido qualquer modelo de Justiça Criminal que se baseie na garantia de direitos — desde que sejam considerados os direitos de todos.

Investigados e acusados em procedimentos criminais têm direitos que, a rigor, são os direitos de qualquer um contra perseguições e arbitrariedades do Estado: direito à defesa técnica, ao contraditório, direito de acesso às provas e a um juiz imparcial, por exemplo.

O que é inaceitável moralmente é a formação de um sistema no qual, além desses direitos básicos (que são os pilares das nações civilizadas), são criados, com base em ideologia, "direitos" adicionais para criminosos — como a progressão de regime — que, na prática, estimulam a impunidade e produzem uma insultuosa desproporcionalidade entre o crime e a pena.

QUALQUER SISTEMA QUE DÊ AOS CRIMINOSOS MAIS DIREITOS DO QUE AOS CIDADÃOS DE BEM, e que negligencie os direitos das vítimas — especialmente o direito de obter justiça e reparação dos danos sofridos — **PODE SER TUDO, MENOS UM SISTEMA DE JUSTIÇA**.

A mídia trata todos os criminosos como tratou Suzy.

Há algumas coisas básicas que todo brasileiro deveria saber sobre crime. **CRIMINOSOS SÃO, NA PRÁTICA, CONSIDERADOS VÍTIMAS PELO SISTEMA DE JUSTIÇA CRIMINAL BRASILEIRO E PELOS PRINCIPAIS FORMADORES DE OPINIÃO.** Essa atitude em relação ao criminoso afeta a polícia, o Ministério Público, o Judiciário e o sistema prisional, e favorece a Defensoria e a defesa jurídica dos criminosos. As penas, em geral, são muito mais leves do que a gravidade dos crimes justificaria. **O RESULTADO É A IMPUNIDADE QUE DESTRÓI QUALQUER POSSIBILIDADE DE COMBATE EFETIVO AO CRIME.**

Essa transformação do criminoso em vítima é ideológica e ganhou força na segunda metade do século XX a partir do movimento "progressista" nos Estados Unidos e na Inglaterra, com consequências desastrosas. No Brasil, a transformação do criminoso em vítima foi tão longe que ouvi um comandante da Brigada Militar — que é como se chama a Polícia Militar do Rio Grande do Sul — afirmar que, na sua tropa, a palavra "bandido" havia sido substituída pela expressão *indivíduo em situação de risco social* (o que deve ter complicado enormemente o uso do rádio entre os policiais. Imagine: em vez de dizer "dois bandidos em fuga seguindo em sua direção", agora era preciso dizer: "*dois indivíduos em situação de risco social* em fuga seguindo em sua direção").

Na opinião desse comandante, a função da Brigada Militar era realizar *mediação de conflitos,* e não prender criminosos.

Ninguém me contou. Eu não li em nenhum jornal ou livro. Eu *ouvi* isso do comandante.

Nunca menospreze o poder das ideias.

Na sociedade, na mídia e no meio acadêmico, o debate sobre crime parece se resumir a duas posições: o lado (totalmente majoritário e hegemônico) que vê no criminoso um anjo caído à espera de regeneração completa e o outro do *bandido bom é bandido morto.* É difícil encontrar uma posição em que se reconheça que o principal instrumento de combate ao crime são punições adequadas, previstas em lei e aplicadas de forma consistente e rápida. Uma posição que entenda também que **ALGUNS INDIVÍDUOS, AO COMETEREM CERTOS CRIMES, PASSARAM DE UM PONTO SEM RETORNO E JAMAIS PODERÃO SER READMITIDOS DE VOLTA À SOCIEDADE.**

Exemplos desses crimes estão no noticiário todos os dias. A única resposta que a sociedade pode dar a esses criminosos perversos e habituais deve ser isolá-los até que não ofereçam mais perigo — e isso pode significar mantê-los na prisão durante muitas décadas, ou até por toda a vida.

Como é possível que, no Brasil, os formadores de opinião se preocupem mais com o bem-estar do criminoso do que com a vítima do crime e com a sociedade? Como é possível que, em um país em que 65 mil pessoas são assassinadas, e ocorre quase o mesmo número de desaparecimentos e estupros todos os anos, a polícia seja sempre mostrada como "opressora" e "assassina" na mídia, e nunca como responsável por uma das tarefas mais nobres e perigosas da sociedade: proteger nossa vida, nossa dignidade e nossa propriedade de indivíduos sem moral e dispostos a tudo? Será que a polícia brasileira não acerta *nunca*?

O economista e pensador americano Thomas Sowell tem uma resposta para isso: a minoria de *intelectuais* que domina a "opinião pública" divulgada pela mídia e predominante nos meios acadêmicos se coloca do lado dos criminosos, que são apresentados como "anjos caídos"[16] — pobres coitados, vítimas da opressão do capitalismo, da "injustiça social" ou da "desigualdade" — e nunca como indivíduos que fizeram escolhas ruins e devem pagar por elas. Diz Sowell:

> Existe uma comunidade acadêmica para a qual indignação é uma forma de vida. Aqueles que se engajam nesse exibicionismo moral não querem perder tempo encarando a realidade. Toda a discussão nobre sobre as "causas do crime" deixa de mencionar o óbvio: pessoas cometem o crime porque são pessoas — porque são naturalmente egoístas e não se importam com a maneira como seu comportamento afeta outras pessoas. A menos, é claro, que tenham aprendido um comportamento diferente através da educação ou se tiverem medo da Justiça Criminal.
>
> Está na hora de parar de fingir que sabemos coisas que ninguém sabe, nem mesmo pessoas com títulos impressionantes na frente de seus nomes. Não importa se esses "especialistas" realmente acreditam no que dizem, ou se são simplesmente opiniões de aluguel. Teorias sem sustentação alguma não podem ser usadas como justificativas para colocar em risco a vida dos que não podem se defender.
>
> Todos aqueles cujo comportamento é reprovado pela sociedade — criminosos, vândalos, imigrantes ilegais — são eleitos como mascotes pelos "intelectuais ungidos" para serem símbolos de sua

sabedoria superior e de sua virtude. Ao se derreter de preocupação com aqueles que reprovamos, os "ungidos" querem se tornar moralmente superiores a todos nós.

Para entender como Sowell está certo, é preciso conhecer dois absurdos da legislação penal brasileira. O primeiro é a chamada "progressão de regime". Independentemente do crime, do seu histórico criminal e até de já ter fugido da prisão várias vezes, todo criminoso brasileiro tem o *direito* de voltar para as ruas depois de cumprir apenas uma pequena parte da pena à qual foi condenado. A sentença do criminoso começa a ser cumprida no regime fechado e, após completar apenas 16% da pena (no caso de crimes cometidos sem violência à pessoa ou grave ameaça) ou 50% (no caso de crime hediondo com morte, se o réu for primário),[17] o bandido progride para o *regime semiaberto*, o que significa passar o dia na rua (teoricamente trabalhando) e somente dormir na prisão.

Depois, o criminoso progride para o *regime aberto*, que é uma inovação brasileira: ele é solto e vai para onde quiser, fazer o que quiser — mas, *para efeitos estatísticos,* ainda é classificado como "preso".

Essa aberração não existe na maioria das democracias europeias e em nenhum dos países de tradição anglo-saxônica. "Nos poucos países do mundo civilizado que adotam o sistema progressivo", diz o promotor de Justiça Bruno Carpes,[18] "tal como nosso vizinho Argentina e a Espanha (somente penas maiores que 5 anos), é permitido o deferimento da liberdade *somente após o cumprimento de metade da pena*".

Completa Bruno:

> No próprio Mercosul, vizinhos de mesma tradição latina, como Chile e Uruguai, não adotaram o sistema progressivo e permitem o livramento condicional depois do cumprimento entre metade e dois terços da pena.

Os absurdos não têm fim, como explica Bruno:

> Como se isso não fosse o bastante, a crise do regime semiaberto (também chamado popularmente, e com razão, de regime "sempre aberto") culminou na decisão do Supremo Tribunal Federal que

permitiu, ao arrepio legal, a substituição da pena em regime semiaberto pelo *recolhimento domiciliar* (negando-se este autor a utilizar a expressão irrealista "prisão domiciliar"), sem a fiscalização mínima dos agentes públicos, adiante da notória falta de estrutura suficiente.

Por exemplo, a partir da realidade gaúcha [...], apenados condenados pela prática do crime de roubo *estão sendo agraciados instantaneamente com o recolhimento domiciliar,* verdadeiro alvará de soltura, ante a impossibilidade de fiscalização efetiva pelo Estado. A quem deseje contra-argumentar que os apenados mais perigosos são submetidos à monitoração eletrônica (como se tal pena não se revelasse branda por si só), cito o exemplo de um criminoso contumaz que *colocou sua tornozeleira eletrônica no pescoço de um galo, cuja localização lhe servia de álibi em posteriores acusações.*

O que o último parágrafo acima quer dizer é isto: o sujeito que coloca uma arma na sua cabeça ou na cabeça de um parente seu em um assalto (crime cujo nome técnico é *roubo*), e que poderia, pressionando levemente o gatilho, ter destruído sua vida, depois de preso pela polícia, julgado e condenado, em vez de receber uma sentença de prisão, *é mandado para casa* pela Justiça do Rio Grande do Sul.

No Brasil, a pena mínima para homicídio — tirar a vida de alguém — é de *6 anos*. O assassino pode começar a cumprir essa pena já no regime semiaberto.

A audiência de custódia

O segundo absurdo é a "audiência de custódia", um procedimento criado por resolução do Conselho Nacional de Justiça e posteriormente estabelecido em lei no projeto do Pacote Anticrime.* É uma audiência que precisa acontecer em até 24 horas após a prisão do criminoso.

---

* No artigo que fala do Juiz de Garantias, que se encontra suspenso por determinação do STF.

Ela tem como único objetivo verificar o bem-estar do preso.

Não se fala da vítima nem do crime.

Até pouco tempo atrás, no Rio de Janeiro, 61% dos presos em flagrante — por exemplo, um criminoso preso com fuzil e meia tonelada de drogas — eram soltos nessas audiências.[19]

Como se sente um policial ao saber disso?

Como se sentem as vítimas?

A audiência de custódia precisa ser examinada com mais cuidado, pois ela simboliza e exemplifica a direção tomada pelos arquitetos do sistema de Justiça Criminal brasileiro: abundância de cuidados e benefícios com o criminoso e completo abandono da vítima.

Qualquer cidadão leigo de bom senso que tome conhecimento do que é a audiência de custódia não consegue segurar sua indignação, especialmente se esse cidadão — como é quase a regra no país — já tiver sido vítima de um crime violento.

A demora nos processos é uma das características do nosso sistema de Justiça (com honrosas exceções). O tempo que se passa entre o momento do crime e o momento em que o processo transita em julgado e o criminoso — se condenado — começa a cumprir pena é, geralmente, contado em anos, tempo gasto em quatro instâncias de julgamento e infinitos recursos. Vítimas de crimes podem viver boa parte da vida sem ter, do Estado, uma satisfação ao seu clamor por justiça.

Entretanto, por determinação do Conselho Nacional de Justiça, qualquer criminoso preso em flagrante tem que ser conduzido a um juiz dentro do prazo de 24 horas. Poucas coisas funcionam no Judiciário com tamanho rigor.

Tal prontidão seria louvável se a audiência tivesse como finalidade dar início ao processo criminal, ouvir testemunhas, colher o depoimento dos policiais e encurtar o prazo dos trabalhos da Justiça.

Mas nada disso acontece.

A finalidade da audiência é única e exclusivamente verificar a legalidade da prisão do criminoso e garantir seu bem-estar. E, frequentemente, "relaxar" a prisão — soltar o criminoso.

As perguntas de rotina nessa audiência são: "O senhor sofreu violência durante a prisão?", "O senhor está sendo bem tratado?", "O senhor tem alguma reclamação a fazer contra os policiais?".

Nenhuma palavra sobre o crime.

Nenhuma palavra sobre a vítima.

Nenhum depoimento colhido — de testemunhas, vítimas ou policiais.

É justa, correta, moral e *necessária* a indignação de um cidadão de bem quando vê os recursos do Judiciário sendo utilizados dessa forma. Não há sustentação lógica, processual ou moral para um procedimento desse tipo, voltado unicamente para o bem-estar do criminoso, em um país onde a magnitude da crise de criminalidade atinge proporções de genocídio.

É também grande e justa a frustração dos policiais, a quem não é dado nem o direito de se defender de eventuais acusações de maus-tratos feitas pelos criminosos. Estão disponíveis na internet inúmeros vídeos que mostram criminosos presos se mutilando — batendo a cabeça na parede, arranhando rosto e corpo — para produzir ferimentos a ser exibidos na audiência de custódia.

Quando confrontados com essa realidade, os defensores da audiência costumam argumentar que ela é uma exigência do Pacto de San José da Costa Rica, um tratado internacional sobre Direitos Humanos do qual o Brasil é signatário.

Mas isso não é verdade.

Vamos ver o que o tratado[20] diz:

> **ARTIGO 1** — Obrigação de respeitar os direitos
> 1. Os Estados-Partes nesta Convenção comprometem-se a respeitar os direitos e liberdades nela reconhecidos e a garantir seu livre e pleno exercício a toda pessoa que esteja sujeita à sua jurisdição, sem discriminação alguma, por motivo de raça, cor, sexo, idioma, religião, opiniões políticas ou de qualquer outra natureza, origem nacional ou social, posição econômica, nascimento ou qualquer outra condição social. [...]
>
> **ARTIGO 4** — Direito à vida
> 1. Toda pessoa tem o direito a que se respeite sua vida. Esse direito deve ser protegido pela lei e, em geral, desde o momento da concepção. Ninguém pode ser privado da vida arbitrariamente.
>
> **ARTIGO 5** — Direito à integridade pessoal
> 1. Toda pessoa tem direito a que se respeite sua integridade física, psíquica e moral.

ARTIGO 7 — Direito à Liberdade Pessoal

1. Toda pessoa tem direito à liberdade e à segurança pessoais

2. Ninguém pode ser privado de sua liberdade física, salvo pelas causas e nas condições previamente fixadas pelas constituições políticas dos Estados-Partes ou pelas leis de acordo com elas promulgadas.

3. Ninguém pode ser submetido a detenção ou encarceramento arbitrários.

4. Toda pessoa detida ou retida deve ser informada das razões da sua detenção e notificada, sem demora, da acusação ou acusações formuladas contra ela.

5. Toda pessoa detida ou retida deve ser conduzida, sem demora, à presença de um juiz ou outra autoridade autorizada pela lei a exercer funções judiciais e tem direito a ser julgada dentro de um prazo razoável ou a ser posta em liberdade, sem prejuízo de que prossiga o processo. Sua liberdade pode ser condicionada a garantias que assegurem o seu comparecimento em juízo.

6. Toda pessoa privada da liberdade tem direito a recorrer a um juiz ou tribunal competente, a fim de que este decida, sem demora, sobre ou tribunal competente, a fim de que este decida, sem demora, sobre a legalidade de sua prisão ou detenção e ordene sua soltura se a prisão ou a detenção forem ilegais. Nos Estados-Partes cujas leis preveem que toda pessoa que se vir ameaçada de ser privada de sua liberdade tem direito a recorrer a um juiz ou tribunal competente a fim de que este decida sobre a legalidade de tal ameaça, tal recurso não pode ser restringido nem abolido. O recurso pode ser interposto pela própria pessoa ou por outra pessoa. [...]

ARTIGO 8 — Garantias Judiciais
1. Toda pessoa tem direito a ser ouvida, com as devidas garantias e dentro de um prazo razoável, por um juiz ou tribunal competente, independente e imparcial, estabelecido anteriormente por lei, na apuração de qualquer acusação penal formulada contra ela, ou para que se determinem seus direitos ou obrigações de natureza civil, trabalhista, fiscal ou de qualquer outra natureza. [...]

Está claríssimo. Tudo o que o tratado exige é que o criminoso preso seja levado, *dentro de um prazo razoável,* à presença de um juiz.

Em nenhum lugar está escrito que é preciso criar um procedimento especial para isso, muito menos que esse procedimento terá, como única finalidade, verificar o bem-estar do criminoso.

Mas a realidade é ainda pior: a audiência de custódia é usada, de forma explícita e aberta, como instrumento de controle da "superpopulação carcerária" (que, por sua vez, como veremos adiante, é o resultado intencional de uma estratégia político-ideológica de provocar o caos no sistema prisional para, depois, justificar todo tipo de manobra, legal ou ilegal, para a soltura de presos).

Tenho aqui, diante de mim, um documento assustador. Trata-se de uma convocação feita aos juízes de um determinado Tribunal de Justiça estadual para que comparecessem a um evento cujo tema é "Prisão Cautelar".

Um dos itens da programação, de acordo com o documento, foi *a importância da audiência de custódia no controle da superpopulação carcerária.*

Segundo um dos presentes, uma das frases mais marcantes do evento foi:

> [...] é preciso proteger a intimidade das pessoas, ainda que ao custo de alguma impunidade.

O termo "pessoas" aqui se refere aos criminosos, claro. As vítimas que se virem. São elas que pagam o custo de "alguma impunidade".

Bruno Carpes vai ao centro da questão quando diz que a leniência do sistema penal brasileiro:[21]

> [...] é fruto da perda de contato com a realidade. Parte da nova geração de penalistas do país parece ter dado as costas definitivamente

a qualquer aspiração de cientificidade em relação ao Direito Penal, substituindo a razão e o entendimento da realidade circundante por soluções político-ideológicas.

Bruno lembra também um ponto importantíssimo: o Pacto de San José da Costa Rica só é cumprido — e se torna argumento em discussões — *quando isso interessa aos defensores do caos*. Quando não interessa, o pacto é ignorado. Vejam o que diz o primeiro item do artigo 4 — Direito à vida: "Toda pessoa tem o direito a que se respeite sua vida"; ou o primeiro item do artigo 5 — Direito à integridade pessoal: "Toda pessoa tem direito a que se respeite sua integridade física, psíquica e moral*";* ou o primeiro item do artigo 7 — Direito à Liberdade Pessoal: "Toda pessoa tem direito à liberdade e à segurança pessoais".

Esses artigos são violados todos os dias, todas as horas e todos os minutos no Brasil sempre que um brasileiro é vítima de um crime violento. Mas quando você já viu alguém citar o pacto como argumento para endurecer a legislação penal, para melhorar a taxa de esclarecimento de homicídios ou para aumentar a segurança dos presídios?

Quando foi que alguma autoridade citou o Pacto de San José da Costa Rica para defender o direito do cidadão à legítima defesa armada?

O Judiciário brasileiro adota "um tratamento penal que cultua a pena mínima legal",* afirma o promotor de Justiça Marcio Schlee Gomes, do Ministério Público do Rio Grande do Sul.[22] Eu já tinha ouvido comentários de juízes sobre isso: **A JURISPRUDÊNCIA BRASILEIRA CONSAGROU A INACREDITÁVEL PRÁTICA DE DAR AO RÉU SEMPRE A PENA MÍNIMA, IGNORANDO A NECESSIDADE DE ADEQUAR A PUNIÇÃO ÀS CARACTERÍSTICAS ESPECÍFICAS DE CADA CRIME**. Bruno Carpes diz que "o fenômeno leva magistrados, das mais diversas comarcas do estado — do Rio Grande do Sul —, a nivelar os mais distintos casos, para puni-los, quase invariavelmente, no mesmo patamar, como se não apresentassem uma gravidade específica, própria e inconfundível.[23] Quando você assistir a uma reportagem de

---

* É o "fetiche da pena mínima", como diz o procurador de Justiça Adriano Alves-Marreiros.

televisão informando que um assassino, por exemplo, pode vir a ser condenado a 30 anos de prisão, *saiba que o público está sendo enganado*. "Não se tem notícia, há longa data, de condenação transitada em julgado com pena definitiva de 30 anos de prisão por um único homicídio qualificado", diz Bruno Carpes.

A pena máxima é de mentirinha.

"O Judiciário e o Ministério Público colaboraram diretamente para o fomento da impunidade e, via de consequência, [para o] incentivo à criminalidade [...] desde quando começou [...] o então chamado movimento do direito alternativo, doutrina, ou melhor, ideologia, baseada no garantismo penal negativo, que fomenta o ativismo judicial e o 'falso humanitarismo'", diz Silvio Munhoz, procurador de Justiça do Rio Grande do Sul.[24] Essa ideologia, explica Munhoz, "cria, prega e aplica, de forma cada vez mais iterativa e costumeira, teses visando unicamente à impunidade ou a mínima punição para delitos cujas circunstâncias não permitiriam a absolvição".

Munhoz atribui as decisões judiciais absurdas originadas dessa ideologia à "errônea ideia de ser *absoluto* o princípio da independência judicial ou funcional". Essa ideia permite a criação de "seres acima do bem e do mal", cuja única preocupação é "julgar de acordo com sua consciência (ou ideologia) e ignorando a Constituição Federal, as leis, a sociedade, as vítimas e os milhares de órfãos e viúvas" de vítimas de crimes no Brasil.[25]

E mais.

A Lei 9.099 de 1995 criou a "transação penal" e a "suspensão condicional do processo". Mas o que seria isso? Bruno Carpes explica:[26]

> [...] em crimes com pena mínima de até 1 ano, como furto (art. 155), estelionato (art. 171), apropriação indébita (art. 158) e *lesões corporais graves que geram perigo de vida e incapacidade temporária* (art. 159, parágrafo 1º) o delinquente que preencha os requisitos para a obtenção dos benefícios *sequer será processado* [...]
>
> Caso o crime imputado tenha pena máxima de até 2 anos (como lesões corporais, ameaça, resistência), o autor do fato possui direito subjetivo à transação penal.

Explicando de outra forma: você tem um desentendimento com seu vizinho, que passa a lhe ofender com frequência. Um dia ele espera você na garagem e o espanca violentamente, na frente de sua família, causando graves ferimentos que mandam você para o CTI. Preso em flagrante, o vizinho é processado e condenado. Como ele se encaixa na Lei nº 9.099, sua pena é *pagar uma cesta básica*.

Foi a isso que se reduziu a justiça no Brasil.

A proliferação de ONGs

Quem tenta entender o buraco em que o Brasil foi jogado, quando se trata de crime e impunidade, logo se depara com um fenômeno curioso: a produção da maioria das estatísticas criminais está nas mãos de entidades do terceiro setor; são "fóruns", "institutos" e ONGs com nomes fofos e, claro, viés ideológico de esquerda. Essas entidades não apenas coletam dados e produzem as estatísticas como são a fonte das *interpretações oficiais* do fenômeno da criminalidade brasileira — interpretação essa que é, inevitavelmente, contaminada pela tintura ideológica das instituições. Essa interpretação é reproduzida automaticamente pela mídia e tomada como verdade — usada como referência — pela academia, pela sociedade, por entidades privadas, por agências governamentais e pelo sistema de ensino.

Não é por acaso que a maioria dessas ONGs dedica boa parte do seu tempo e recursos a fomentar uma agenda comum de promoção de pautas equivocadas e imorais, como a "*agenda do desencarceramento*" e as campanhas insistentes e muito bem financiadas de "*descriminalização*" das drogas e demonização da polícia ("*A que mais mata e a que mais morre*", quem ainda não ouviu essa expressão?). Ao mesmo tempo, injetam no imaginário popular, de todas as formas possíveis — usando a grande mídia, a cultura, as artes plásticas, o entretenimento e os sistemas de ensino público e privado, desde o ensino fundamental até o doutorado — a ideia de que o criminoso é um pobre coitado e que qualquer punição é injusta e indevida.

Os orçamentos dessas ONGs, em geral, se contabilizam em milhões,[27] boa parte deles vinda do exterior. O dinheiro é muito bem gasto, um investimento que produz excelente retorno aos doadores. **A PROTEÇÃO E OS BENEFÍCIOS CONQUISTADOS PARA OS CRIMINOSOS** — que, no imaginário preconceituoso e sectário dos ideólogos marxistas, são sempre pobres, sem instrução e negros — **BENEFICIAM A TODOS OS QUE FAZEM DO CRIME SUA ATIVIDADE LUCRATIVA, INCLUSIVE** — ou talvez devêssemos dizer, principalmente — **CRIMINOSOS BRANCOS, RICOS E PODEROSOS**.

A confusão moral que o pensamento esquerdista faz entre causa e consequência, quando se trata de segurança pública, é demonstrada de forma exemplar nas ações de uma constelação de parlamentares, ativistas, partidos e ONGs para restringir, reduzir ou até eliminar operações policiais, com o inacreditável argumento de que a diminuição dessas operações reduziria o número de mortes violentas.

Para choque e consternação de todos os que dedicam a vida ao combate à criminalidade, essas forças antipolícia e antissociedade têm conseguido vitórias importantes em uma sequência de decisões judiciais.

A ação de Arguição de Descumprimento de Preceito Fundamental de número 635 — a ADPF 635, apelidada de "*ADPF das favelas pela vida*" — foi proposta ao STF, em novembro de 2019, pelo Partido Socialista Brasileiro e "construída coletivamente" pela Defensoria Pública estadual com várias ONGs do Rio de Janeiro:[28] Educafro, Justiça Global, Redes da Maré, Conectas Direitos Humanos, Movimento Negro Unificado, Iser, IDMJR, Coletivo Papo Reto, Coletivo Fala Akari, Rede de Comunidades, Movimento contra a Violência e Mães de Manguinhos. A ação questionava as intervenções policiais nas favelas do Rio de Janeiro.

A primeira consequência da "ADPF das favelas pela vida" foi a proibição do uso de helicópteros policiais a menos de 500 metros de escolas ou creches situadas em favelas. Como toda favela tem escolas e creches, isso efetivamente excluiu o helicóptero das operações. O helicóptero é um instrumento fundamental para a segurança dos policiais. Seu uso intimida a ação dos atiradores do narcotráfico, o que preserva a vida de policiais e de cidadãos. Os únicos prejudicados com o uso do helicóptero são os traficantes.

Mais grave ainda foi a decisão que a corte suprema tomou em junho de 2020[29] como resultado da ADPF 635. Essa decisão é descrita aqui por Silvio Miranda Munhoz:[30]

> Não obstante a concessão liminar dos pleitos [...] os proponentes da ADPF 635 voltaram à carga, agora alegando a ocorrência da

> pandemia da Covid19 [...] e, fazendo novos pedidos, geram uma decisão incidental na medida liminar que [...] decidiu:
>
> 1) Proibir a realização de operações policiais nas "comunidades" do Rio de Janeiro durante a epidemia do COVID-19, salvo em casos excepcionais, devidamente justificadas por escrito pela autoridade competente, e comunicadas, imediatamente, ao Ministério Público do Estado — responsável pelo controle externo da atividade policial — sob pena de responsabilização civil e criminal
>
> 2) Nos casos de realização de operações, recomendar a adoção de cuidados excepcionais, identificados por escrito pela autoridade, para não colocar em risco maior população, a prestação de serviços públicos sanitários e o desempenho de atividades de ajuda humanitária.

Em outras palavras: as operações policiais nas favelas do Rio de Janeiro foram proibidas por determinação da mais alta corte de Justiça do país — *salvo em casos excepcionais*. Mas a rotina do Rio de Janeiro é feita de casos excepcionais, como sabe qualquer policial carioca.

Sobre essa decisão, Silvio Miranda Munhoz ainda comenta:[31]

> Aí começa o governo dos não eleitos, pois os partidos que não conseguiram ganhar o Executivo ou conseguiram pouca ou nenhuma representatividade no Legislativo e, portanto, não possuem poder para implementação de suas pautas buscam governar de outra forma, acionando o Judiciário.
>
> Essa utilização indiscriminada de ADPFS por partidos derrotados nas eleições, aos quais se somam ONGS, postulando ao Supremo Tribunal Federal intervenções em áreas que, certamente, não estão dentro de sua competência, acaba gerando um verdadeiro governo de não eleitos, empurrando o Judiciário para o abismo de vivenciar uma verdadeira juristocracia.

Marcio Schlee Gomes enfatiza outro ponto importante:[32]

Uma situação é uma proibição específica pelo Judiciário para que sejam respeitadas garantias fundamentais de determinados cidadãos em um caso concreto. Outra, muito diferente, é uma proibição genérica, ampla, que atinge toda uma comunidade, que pode ficar totalmente desassistida da atuação e proteção pelas forças policiais. Como um sistema penal se mantém assim?

Qual a mensagem que se passa com uma decisão dessas proporções, observada a gravidade da situação de criminalidade de extrema periculosidade existente no local? Claramente, o sistema penal sofre sérios danos, perdendo, novamente, credibilidade e força coercitiva, o que atinge diretamente as finalidades do Direito Penal.

Mas, como disse a escritora Ayn Rand, "você pode desprezar a realidade, mas não vai conseguir fugir das consequências de desprezar a realidade". E as consequências foram estas: um ano depois da suspensão das operações policiais, em junho de 2021, o jornal carioca *O Dia* publicava esta matéria:[33]

> **Líderes do tráfico de oito estados migram para o Rio, diz polícia**
>
> Ataques no Amazonas podem ter participação de lideranças do Comando Vermelho que fugiram para favelas cariocas. "Migração precisa ser estancada", diz Turnowski [...]
>
> "Percebemos o seguinte: quando o criminoso passa a ser muito visado em algum estado, ele vem passar uma temporada aqui no Rio de Janeiro", disse Rodrigo Oliveira, subsecretário de Planejamento e Integração Operacional da Polícia Civil, ao *DIA*. Ele estima que cerca de 100 criminosos de outros estados estejam escondidos, atualmente, no Rio.
>
> A polícia já identificou lideranças da Bahia, Amazonas, Pará, Alagoas, Sergipe, Minas Gerais, Ceará e Rio Grande do Norte escondidas nos Complexos da Penha, Alemão, Maré, Manguinhos, Salgueiro, além da Rocinha [...]

A CONSTRUÇÃO DA MALDADE

> O secretário de Polícia Civil, Allan Turnowski, definiu a migração como "turismo" do crime [...] "Agora, com a dificuldade de operação, seja pelas restrições (do STF) ou do pós-operação (críticas), os criminosos estão se sentindo seguros para virem ao Rio de Janeiro para fazer uma espécie de turismo. Isso não será tolerado", disse.

Muitos acham que o debate sobre segurança pública deve ficar restrito a policiais, juristas e sociólogos. Isso é um absurdo. Ninguém está mais autorizado a participar dessa discussão do que o cidadão que sofre na carne o assédio dos criminosos e a indiferença e a incompetência do poder do Estado.

A resposta mais frequente às sugestões que nós, cidadãos, fazemos sobre segurança pública é que "isso não vai resolver o problema". É preciso reduzir a maioridade penal porque, no mundo atual, um indivíduo com 15 anos tem perfeita consciência do que faz quando estupra e mata, e deve pagar por isso, para proteção da sociedade. Isso é óbvio. "Reduzir a maioridade não vai resolver o problema do crime", é a resposta dos "especialistas".

É preciso acabar com as *saidinhas* de criminosos presos nos feriados. "Isso não vai resolver a segurança pública", é a resposta.

Minha casa fica em uma rua de grande trânsito de turistas. No verão, acontecem dezenas de assaltos todo fim de semana. O policiamento ostensivo paralisa os criminosos; quando os policiais se afastam, os criminosos voltam a agir. Já cansei de sugerir: por que não colocar policiais à paisana para surpreender os bandidos e acabar com a tranquilidade com que praticam os crimes? Adivinhe qual foi a resposta que recebi.

Isso não vai resolver o problema da segurança pública.

O fato de que medidas simples, baseadas no bom senso, sejam efetivas no combate ao crime continua a surpreender — e, muitas vezes, ofender — os "especialistas" em segurança, movidos a ideologia.

Nunca esqueça: **NO BRASIL, O CRIME DE *"INJÚRIA RACIAL"* É IMPRESCRITÍVEL**.

JÁ O CRIME DE HOMICÍDIO — POR EXEMPLO, ASSASSINAR O FILHO DE ALGUÉM — PRESCREVE EM 20 ANOS. Se o assassino for menor de 21 anos, ou tiver mais do que 70 anos, o crime prescreve em 10 anos.

A demonstração mais clara e irônica do assombroso equívoco da legislação penal brasileira — resumida nos chavões "punir não resolve" e "cadeia não é solução" — é a ação do próprio narcotráfico quando determina ou proíbe certas condutas nas regiões onde ele tem o domínio territorial.

Nas últimas décadas, o sistema de Justiça Criminal do Brasil tem se caracterizado por legislação pueril, penas sempre mínimas e decisões judiciais benevolentes com os criminosos. Tudo é feito para retirar o caráter punitivo das leis. Mas, como diz a promotora de Justiça Patrícia Pimentel, do Ministério Público do Rio de Janeiro, **A PENA CRIMINAL**, além de retribuição e prevenção, **TEM A FUNÇÃO DE FAZER COM QUE A SOCIEDADE CONFIE NAS LEIS, E DEVE DETERMINAR A REPARAÇÃO MÍNIMA DOS DANOS CAUSADOS**.[34]

Apesar disso, cresce o número de juristas — advogados criminalistas, líderes classistas, defensores públicos e até promotores de justiça e magistrados — que defendem a abolição de qualquer pena de prisão, chamada por eles, em uma manipulação genial da linguagem, de *encarceramento*.

Sabem quem está faltando nesse debate? Os narcotraficantes. A opinião deles foi expressa claramente em uma faixa colocada no bairro de Maria Paula, em Niterói:[35]

**PROIBIDO QUALQUER TIPO DE ROUBO
QUEM FOR PEGO ROUBANDO VAI PAGAR COM A VIDA
RESPEITEM OS MORADORES!
ASS: OS CRIAS DE MARIA PAULA C.V.**

Outro exemplo é a faixa pendurada em um poste na entrada do Morro do Castro, bairro localizado entre os municípios de Niterói e São Gonçalo, no Rio de Janeiro.[36] A faixa, que foi colocada em fevereiro de 2020, dizia:

**PROIBIDO CARRO CLONADO OU ROUBADO
QUEM FOR PEGO NESSE DELITO SOFRERÁ AS CONSEQUÊNCIAS
ASS: DIRETORIA DO MORRO DO CASTRO**

A apatia, inércia ou incapacidade cada vez maior do Estado brasileiro de impor as regras mais básicas é suprida pelos *poderes paralelos*. Veja a matéria de 16 de dezembro de 2021 do jornal *Folha de S.Paulo*:[37]

PCC PROÍBE EMPINAR MOTO NA PERIFERIA DE SP E ESPANCA QUEM DESOBEDECE; VEJA VÍDEO

Em um vídeo de 48 segundos postado nas redes sociais, um motociclista de Osasco (Grande SP) orienta os colegas motorizados sobre a importância do respeito às faixas de trânsito que vêm sendo implantadas pelo PCC nas comunidades [...] com os seguintes dizeres:

"PROIBIDO TIRAR DE GIRO E CHAMAR NO GRAU. SUJEITO A CACETE. NÃO ACEITAMOS ISSO NA NOSSA COMUNIDADE."

"Tirar de giro" é [...] a manobra realizada por motociclista que provoca a explosão do escapamento [...] "Chamar no grau" [...] é empinar a roda da frente da moto.

"Quero dizer que essas faixas são, sim, para serem respeitadas, entendeu, mano? Quem está colocando é a comunidade, é o crime, em prol da população", diz o rapaz [...]

A gravação é acompanhada por homens desconhecidos e, diante deles, o motociclista explica a ordem do crime [...] dizendo que está postando o vídeo para dar exemplo.

"Porque quem vier a fazer isso daí vai ser pego para exemplo, como eu estou sendo", diz ele. Em seguida, é espancado por um homem com chutes, socos e cotoveladas.

A HISTÓRIA DE MARIA CLÁUDIA DEL'ISOLA

No dia 11 de dezembro de 2004, Maria Cláudia Del'Isola ligou para a mãe para avisar que estava saindo de sua casa, no Lago Sul, em Brasília, e que iria de carona com uma amiga para a Universidade de Brasília, onde cursava Pedagogia. Foi a última vez que a família teve notícias dela. O pai de Maria Cláudia, Marco Antônio Del'Isola, diretor do tradicional colégio Marista, e a mãe, Cristina, professora da mesma escola, viveram três dias de desespero. Depois do telefonema para a mãe, Maria Cláudia simplesmente desapareceu.

No dia 14 de dezembro de 2004, o jornal *Folha de S.Paulo* noticiava[38] que, três dias depois de ter desaparecido, a estudante Maria Cláudia Siqueira Del'Isola, de 19 anos, havia sido encontrada. Ao examinar a residência da família, os investigadores da polícia sentiram um cheiro forte no quintal. O cheiro era de um corpo em decomposição — o corpo de Maria Cláudia. Ela tinha sido enterrada em uma cova rasa, cavada dentro de um depósito, embaixo de uma escada de sua própria casa. Maria Cláudia estava sem roupa, com a cabeça coberta por um saco plástico e com os pulsos e tornozelos amarrados com um fio elétrico. Segundo o jornal, o corpo de Maria Cláudia mostrava sinais de estupro.

Os policiais tentaram impedir Marco Antônio de ver o corpo da filha,[39] mas ele insistiu. "Eu toquei no corpo e nas costas tempo suficiente para constatar que era minha filha. A partir daí, fiquei pensando o que tinha sobrado da minha família."

O principal suspeito era o caseiro da família, Bernardino do Espírito Santo Filho, de 30 anos. Bernardino foi denunciado pela empregada da casa, Adriana de Jesus Santos, de 20 anos, que acabou confessando ter participado do crime. Bernardino fugiu antes de a polícia encontrar o corpo. Adriana disse que o crime tinha sido premeditado. Maria Cláudia foi atraída para o quintal, onde foi atacada pelo casal. Adriana disse que seu namorado sempre quis ter relações sexuais com a filha do patrão. Afirmou também que tinha ciúme de Maria Cláudia por ser "rica e bonita" e que só ajudou o caseiro a estuprá-la por saber que depois ela seria morta. A cova, segundo Adriana, foi aberta antes do crime. Depois de estuprada, Maria Cláudia foi espancada e morta com golpes de uma pá de jardim.

Bernardino e Adriana foram condenados pelos crimes de homicídio triplamente qualificado, estupro, atentado violento ao pudor, ocultação de cadáver e furto qualificado. Em primeira instância, a Justiça fixou a pena dele em 65 anos e a dela, em 58. As penas, no entanto, foram reduzidas no segundo grau para 44 e 38 anos, respectivamente. O Ministério Público, então, recorreu da decisão. Bernardino já havia sido preso em 1994, em Salvador, por tentativa de homicídio.

> Fugitivo da Justiça, Bernardino foi finalmente encontrado e preso em 2007. Nove anos depois, no início de dezembro de 2016, a Justiça do Distrito Federal concedeu a ele o benefício da progressão ao regime semiaberto.
>
> Em junho de 2019, um site de notícias[40] informava que a assassina de Maria Cláudia, Adriana de Jesus Santos, cumpria pena em regime semiaberto e trabalhava como copeira no governo do Distrito Federal. Ela havia sido contratada como funcionária da Fundação de Amparo ao Trabalhador Preso (Funap) desde outubro de 2018. A Funap tem como missão "contribuir para a inclusão e reintegração social das pessoas presas, oportunizando (sic) melhorias em suas condições de vida por meio da qualificação profissional e oportunidades de inserção no mercado de trabalho".
>
> É seguro dizer que, na maioria das democracias ocidentais, Bernardino e Adriana ficariam presos algumas décadas, ou receberiam sentenças de prisão perpétua ou de morte. Na República Federativa da Impunidade, não só já estavam soltos menos de 10 anos após o crime, mas a assassina ainda foi contratada pelo próprio Estado.

Lobos, ovelhas e pastores

Em seu livro *Sobre Matar: O Custo Psicológico de Aprender a Matar na Guerra e na Sociedade*,[41] o tenente-coronel do exército americano, Dave Grossman, diz que existem três tipos de pessoas no mundo: ovelhas, lobos e cães pastores.

Algumas pessoas não acreditam na existência do mal. No dia em que o mal bate à sua porta, elas não sabem como se defender. Essas são as ovelhas.

O mundo está cheio de predadores. Eles usam a violência para se alimentar dos mais fracos. Esses são os lobos — os criminosos.

E, por último, há aqueles abençoados com a necessidade de proteger o rebanho e com o dom da coragem. Eles vivem para enfrentar o mal. Esses são os cães pastores — os policiais e os militares.

Vivemos em uma sociedade que demoniza os cães pastores e ensina às ovelhas a arte politicamente correta de proteger os lobos que vão nos devorar.

Este capítulo vai tratar da polícia. Ao iniciá-lo, é importante deixar algumas coisas claras. A primeira é que não sou policial e, portanto, tenho um entendimento necessariamente limitado das questões que envolvem a polícia. Abordo essas questões do ponto de vista de um cidadão interessado, usuário dos serviços policiais que, além da experiência de viver no dia a dia a insegurança das grandes cidades brasileiras, traz em sua bagagem uma passagem por um governo estadual e conhecimentos de gestão de organizações. Trago também profundo respeito pelo trabalho e pelo papel da polícia na sociedade. É à luz dessa experiência, com conhecimento e respeito, que levanto alguns pontos que, a meu ver, merecem discussão.

Os policiais brasileiros são heróis que trabalham à beira de um abismo para dentro do qual são, o tempo todo, empurrados. As forças que os empurram são a legislação que favorece o criminoso, a contaminação político-ideológica do sistema de Justiça Criminal, as péssimas condições de trabalho, o enorme volume de dinheiro gerado pelo crime organizado — principalmente o narcotráfico — que tudo corrompe, a organização ultrapassada e ineficiente do poder policial do Estado e os ataques imediatos, incessantes, implacáveis, destrutivos e, quase sempre ideologicamente motivados, de uma constelação de indivíduos, instituições e entidades da mídia, da sociedade e, sobretudo, do Estado.

As polícias estaduais — as principais forças policiais do país — são divididas em duas organizações: uma civil e outra militar.

A tarefa policial é dividida entre essas duas instituições. A Polícia Militar cuida do policiamento ostensivo e da preservação da ordem pública com policiais fardados, atendendo a ocorrências criminais e respondendo aos chamados do número 190. A Polícia Civil é responsável pela apuração da infração penal e pelas funções de polícia judiciária — ou seja, são os policiais civis que investigam os crimes. A maioria dos cidadãos não tem consciência dessa divisão de tarefas, nem sabe como ela funciona. A principal consequência desse modelo de funcionamento é a quebra do chamado *ciclo policial*, o conjunto de tarefas que constitui a missão da polícia.

Metade dessas tarefas fica com a Polícia Militar, a outra metade com a Polícia Civil. Essa quebra cria conflitos de atribuição e gera desentendimento e ressentimento entre organizações que deveriam cooperar uma com a outra. Como regra geral, as duas polícias têm dificuldades para falar institucionalmente, compartilhar informações e trabalhar juntas.

Em alguns casos, o trabalho policial é feito em turnos de até 24 horas, seguidos por insuficientes horas de folga, durante as quais a maioria dos policiais trabalha em um segundo emprego para complementar a renda. É difícil funcionar de forma produtiva trabalhando em um regime como esse. O resultado vai além da ineficiência, com investigações e outras atividades prejudicadas pelas frequentes interrupções, pelo cansaço e pelo estresse, e faz com que o segundo emprego acabe se tornando o principal.

Somam-se a isso rotinas ineficientes de trabalho com o uso precário da tecnologia. Faltam bancos de dados, e os que existem estão incompletos e não estão conectados. Informações importantes, armazenadas nos bancos de dados de uma polícia, ou de outra instituição do Estado, raramente são compartilhadas com outras forças.

O Delegado Fabrício Oliveira, da Polícia Civil do Rio de Janeiro, comenta:[42]

> A inexistência de um banco nacional de impressões digitais e o não cruzamento de dados entre as bases estaduais são um dos principais problemas de segurança pública do Brasil. Essa deficiência sistêmica tem consequências gravíssimas. Uma delas é a dificuldade na identificação de pessoas que estiveram em locais de crimes violentos, como homicídios, latrocínios, roubos e estupros. Eis que as digitais coletadas são cruzadas exclusivamente com a base estadual do local do delito, o que diminui bastante a chance de resultados positivos.
>
> Outra consequência extremamente nociva para a sociedade [...] é a possibilidade de criminosos procurados em determinado estado da Federação conseguirem documentos oficiais em outros estados, dificultando bastante o trabalho da polícia e permitindo a impunidade desses delinquentes.

A lentidão gerada pela excessiva burocracia do Estado e pela complexidade da Lei de Licitações torna extremamente difícil a aquisição e a manutenção dos equipamentos usados pelos policiais.

Na era da internet, o registro de um boletim de ocorrência tem que ser feito presencialmente pela vítima em uma delegacia, em um processo que pode levar horas (embora já exista o registro on-line, não são todos os crimes que podem ser registrados remotamente, e muitas vítimas que fazem ocorrências on-line ainda precisam comparecer à delegacia posteriormente). Os Policiais Militares, que geralmente fazem as prisões em flagrante, perdem enorme tempo nesse processo, tempo esse que deveria ser gasto nas patrulhas e proteção dos cidadãos. A experiência de fazer o registro de uma ocorrência criminal e, posteriormente, acompanhar a evolução (ou não) do inquérito policial é tão dolorosa que a pessoa que foi vítima do crime se torna novamente vítima, dessa vez da burocracia. Existe até uma expressão para descrever esse fato: é a "vitimização secundária". Quem quiser entender o que isso significa, deve ler o livro *Traído pela Obediência*, escrito pelo pai do menino Lucas Terra.[43]

As dificuldades enfrentadas pela polícia para realizar perícias técnicas são cada vez maiores. Muitos crimes ocorrem em área de favelas, onde a polícia entra correndo grande risco; a disposição do cidadão comum de cooperar com uma investigação é mínima; em determinados locais é impossível fazer uma diligência policial.

O inquérito policial é considerado um procedimento excessivamente burocrático. A maioria dos policiais reconhece que o modelo atual é arcaico — é um modelo *cartorário*. O inquérito policial brasileiro, dizem os críticos, é quase um processo penal que acontece antes do processo penal verdadeiro (que é iniciado pelo Ministério Público após a conclusão das investigações policiais), gerando desperdício de tempo e de recursos. O inquérito é um processo que deve ser conduzido por um bacharel em direito — o delegado, servidor da Polícia Civil ou da Polícia Federal —, muito embora, dizem os críticos, ele seja uma tarefa de natureza investigativa, e não jurídica.

O inquérito segue, mais ou menos, o mesmo modelo desde 1871 — um modelo incompatível com a realidade moderna do Brasil, país cujo número de crimes violentos não encontra similar em nenhuma democracia ocidental. O resultado é que muitos crimes prescrevem antes de terminada a investigação ou o processo penal. A burocracia, muitas vezes, gera a interrupção do inquérito em alguma diligência, resultando no desânimo do policial de continuar com o trabalho. Um pedido de autorização judicial para que a polícia tenha acesso aos dados de um celular apreendido em uma operação pode levar meses para ser apreciado pelo Judiciário. O desânimo do policial aumenta com a constatação de que novos inquéritos surgem todos os dias, somando-se aos que ainda não foram solucionados.

POLICIAIS PAGAM POR SEUS ERROS COM SUA HONRA, SUA CARREIRA OU SUA VIDA. Esses erros podem ser reais ou fictícios — para uma mídia em busca de sensacionalismo e audiência, pouco importa — e são, quase sempre, cometidos ao trabalhar em condições que seriam consideradas absurdas e inaceitáveis na maioria das outras profissões.

A hesitação de segundos ao reagir a um confronto ou uma equivocada decisão de disparar uma arma — decisões tomadas em frações de segundos — podem colocar um policial em uma cadeira de rodas, em uma cela de prisão ou em um cemitério.

Um policial brasileiro toma decisões dessa gravidade todos os dias.

A GUERRA CONTRA O CRIME É ASSIMÉTRICA E INJUSTA: ENQUANTO UM LADO TEM QUE SEGUIR A LEI E TODOS OS REGULAMENTOS, O OUTRO — O LADO DO CRIME — PODE TUDO. O policial tem inúmeras instituições e entidades fiscalizando seu trabalho — a Corregedoria da própria polícia, a mídia, a Defensoria Pública, o Ministério Público, o Judiciário, as ONGs de "direitos humanos" e até organizações, agências e tribunais internacionais. **JÁ O CRIMINOSO BRASILEIRO TEM UM NÚMERO IGUALMENTE GRANDE DE ORGANIZAÇÕES, INDIVÍDUOS, ONGS E INSTITUIÇÕES DO PRÓPRIO ESTADO QUE ATUAM *EM SUA DEFESA*** — e não mais apenas na defesa jurídica, dentro do contexto de um processo, do indivíduo acusado de um crime, mas, cada vez mais, **EM UMA DEFESA *INSTITUCIONAL* DOS CRIMINOSOS**.*

A visão ideologizada — e, sejamos claros, a ideologia adotada aqui é a de esquerda: marxista, socialista, "progressista" ou comunista — predomina, entre os "especialistas" e a mídia, na análise da crise de segurança brasileira. Essa visão dá origem a uma das mais perversas inversões da moral e da lógica. Ela pode ser observada no tratamento que a mídia e os "intelectuais" dão aos inevitáveis confrontos entre policiais que tentam cumprir a lei e os criminosos — cada vez mais armados, cada vez mais violentos — que tentam violar essa mesma lei.

A mídia e os "especialistas" tratam esses confrontos como se fossem uma espécie de disputa esportiva entre o time A e o time B; como se fosse uma partida de futebol da qual se espera equilíbrio de forças e de resultados. Um comentário feito por uma repórter da rede de TV CNN Brasil, quando noticiava os resultados de uma operação da Polícia Civil do Rio de Janeiro na favela do Jacarezinho para cumprimento de mandados judiciais, ficou famoso:[44]

---

* Qual a justificativa, por exemplo, para o pedido da Defensoria Pública de suspensão de uso de helicópteros em operações policiais em favelas do Rio de Janeiro e, depois, para a suspensão das próprias operações durante a pandemia? O que esse tipo de atuação da Defensoria tem a ver com a missão de defender um indivíduo acusado de um crime, no contexto de um processo criminal? Esse é apenas um exemplo.

> Vinte e cinco mortos, um policial, e o discurso da polícia é de que estava todo mundo fortemente armado. Aparentemente, estavam muito armados, mas não sabiam atirar, né? Porque eram 24 de um lado, armados, e mataram somente um do outro lado, mas morreram todos esses.

Perceba o tom irônico e debochado com que a repórter trata um assunto com o qual não tem experiência alguma.

Repare no uso da expressão *do outro lado*.

Confrontada com a óbvia deficiência moral e lógica do seu comentário, a repórter respondeu em um tuíte:[45]

> Pelo visto há um esforço de distorção. Então vou responder aqui e só. Operação que tem que prender 21, DEIXA QUASE 30 mortos e prende 6 não pode ser considerada eficaz. Obviamente estou questionando a TESE DE CONFRONTO, como também fez o STF. Eu, ao contrário de alguns, não queria NINGUÉM MORTO.

O desejo da jornalista — representativo da forma de pensar da maioria da mídia — não poderia ser expresso de forma mais clara. Ela "não queria ninguém morto", e o desejo dela, sincero ou não, deveria ter mais força que a realidade de criminosos armados com armas de guerra e dispostos a matar. E o que é pior: se tivesse que morrer alguém, *então que morresse o mesmo número de cada lado* — não importa que de um lado houvesse criminosos perigosos e do outro, policiais cumprindo mandados judiciais.

Para entender melhor o abismo à beira do qual o Brasil foi colocado, basta lembrar que os policiais militares do Rio de Janeiro e de outros estados precisam pagar, do próprio bolso, os custos de sua defesa jurídica, caso sejam acusados de um procedimento indevido ou um crime. *Do outro lado* — como disse a repórter —, os criminosos estão livres para usarem os recursos auferidos com o crime para pagar sua defesa, o que é uma violação completa da lógica e da moral (e deveria ser também uma violação da lei).

Uma promotora de justiça do Rio de Janeiro me contou que, certa vez, um traficante "pé de chulé" de um morro do Rio foi preso e estava sendo processado criminalmente por ela. Tratava-se de um desses milhares de subgerentes ou soldados do ecossistema no narcotráfico, sem nenhuma importância especial.

Ao chegar à primeira audiência, a promotora ficou chocada ao constatar que o "trabalhador" do tráfico tinha, atuando em sua defesa, *nada menos que oito advogados de um dos melhores escritórios de advocacia criminal*.

Um soldado reformado da Polícia Militar, que ficou tetraplégico em um confronto com criminosos em uma favela do Rio, me contou uma experiência similar: ele estava sozinho, em sua cadeira de rodas, no tribunal onde ocorria o julgamento dos criminosos responsáveis por destruir sua vida. Do outro lado da sala estavam, tranquilos e sorridentes, os réus — traficantes — cercados por um grupo de advogados muito bem-vestidos.

É moralmente necessário perguntar nesse momento: de onde vem o dinheiro para pagar esse tipo de defesa jurídica? Se o criminoso nunca teve outra atividade econômica a não ser o crime — nesse caso, o tráfico de drogas —, fica óbvia a origem do dinheiro que paga sua defesa. Como podemos permitir que o criminoso use, para se defender, o dinheiro que ganhou violando a lei?

Ao menos uma vez por mês eu realizo um experimento social. Posto nas minhas redes o mesmo texto, com poucas variações. O texto é este:

> **O advogado criminalista deveria ser obrigado por lei a declarar,** *nos autos do processo,* **o valor e a origem dos seus honorários.**

Os comentários são sempre os mesmos. "Isso viola o direito do réu à defesa", diz um deles. Mas é óbvio que não há violação alguma; o réu continua podendo se defender. A única mudança é que a sociedade ficará sabendo de onde veio o dinheiro para isso. "O advogado já declara os rendimentos à Receita Federal", diz outro que, por ingenuidade, incompreensão ou malícia, mistura alhos com bugalhos. A declaração dos honorários no processo não tem finalidade fiscal, é claro. Seu objetivo é impedir o uso indevido — e, provavelmente, em muitos casos, a *lavagem* — de dinheiro que é produto de crime. "Então o médico, o dentista e o empresário também deveriam informar seus rendimentos ao público", alguém escreve em outro comentário, fazendo uma analogia sem fundamento algum: nem o médico, nem o dentista nem o empresário escolheram como meio de vida a defesa jurídica de criminosos.

Os EUA têm legislação federal que obriga os advogados a se certificarem de que o dinheiro que recebem como pagamento pela defesa de réus não tem origem criminosa. Perceba que não é isso que sugiro; minha sugestão é apenas que essa informação seja tornada pública.

A violência das reações à minha proposta fala por si.

Se um médico erra, ninguém diz "a medicina não presta". Se um engenheiro faz besteira, ninguém diz "a engenharia é do mal". Se um advogado ofende alguém, ninguém diz "o direito é fascista". Se um jornalista dá notícia falsa, ninguém pede o "fim da imprensa".

Mas o erro de *um* policial *sempre vira erro de toda a polícia,* que, segundo os "especialistas", deve ser condenada à extinção imediata (lembre-se do slogan *Abolish the police* — "Acabem com a polícia" — que foi o mantra das manifestações "antifascistas" — na verdade, antipolícia — nos EUA de meados até o final de 2020). **OS POLICIAIS DO BRASIL ESTÃO ENVOLVIDOS EM UMA GUERRA**; segundo especialistas em antiterrorismo, trata-se de **UMA GUERRA IRREGULAR, DE QUARTA GERAÇÃO, DE GUERRILHA, E QUE ENVOLVE ATÉ OPERAÇÕES PSICOLÓGICAS**.

O trabalho de pesquisa do coronel da Polícia Militar do Rio de Janeiro, Fabio Cajueiro[46], mostra que, só entre os anos 1994 e 2017, a Polícia Militar do Rio de Janeiro sofreu 18.633 baixas (15.236 feridos e 3.397 mortos). Essas baixas estão concentradas, majoritariamente, na região metropolitana do Rio, que inclui os municípios do Rio de Janeiro, Niterói, São Gonçalo, Itaboraí e a Baixada Fluminense.

Diante da impossibilidade de comparar esses números com os de qualquer outra polícia no planeta, o coronel Cajueiro precisou recorrer às estatísticas sobre a participação do Exército Brasileiro na II Guerra Mundial e das Forças Armadas dos EUA em várias guerras no século XX.

Os resultados são estarrecedores e deveriam envergonhar todos os políticos brasileiros. As estatísticas compiladas pelo coronel Cajueiro evidenciam que **O RISCO DE UM POLICIAL MILITAR DA REGIÃO METROPOLITANA DO RIO DE JANEIRO MORRER EM AÇÃO É TRÊS VEZES MAIOR DO QUE O DE UM SOLDADO AMERICANO NA II GUERRA MUNDIAL E SETE VEZES MAIOR DO QUE UM SOLDADO NA GUERRA DO VIETNÃ**.[47]

Segundo o próprio coronel:

> A análise permite dizer que foi mais arriscado servir como policial militar na região metropolitana do Rio de Janeiro nos últimos 24

anos do que servir na FEB ou nas Forças Armadas americanas em qualquer guerra do século XX, incluindo as I e II Guerras Mundiais.

Como exemplo extremo, a possibilidade de um policial militar ser ferido no Rio de Janeiro foi mais de 1.613 vezes superior ao risco de um soldado americano ser ferido na Guerra do Golfo Pérsico.

O policial no Rio de Janeiro corre um risco de vida permanente e extraordinário. Em 2017, ano em que o Brasil quebrou seu recorde de assassinatos, a taxa de homicídios entre a população em geral no Rio de Janeiro foi de 40 por 100 mil habitantes; no mesmo ano, a taxa de assassinatos de policiais militares foi de 249 por 100 mil habitantes.[48] **UM POLICIAL MILITAR NO RIO CORRE SEIS VEZES MAIS RISCO DE SER ASSASSINADO DO QUE UM CIDADÃO COMUM.** Isso deveria ser causa para escândalo, mobilização geral e reavaliação do sistema de Justiça Criminal. Não é.

Entre 2016 e 2017, a Polícia Militar do Rio de Janeiro participou de uma média diária de *nove* confrontos armados contra marginais.[49] Esses números não encontram similar em nenhum outro local do mundo. Aproximadamente 70% desses confrontos aconteceram durante patrulhamentos regulares. O Rio de Janeiro se tornou um lugar em que marginais disparando contra um veículo da polícia se tornou rotina.

Os índices de baixas psiquiátricas e de suicídio na Polícia Militar são elevados.

Rio de Janeiro, tarde de verão. A tropa de elite da polícia prepara-se para entrar em uma comunidade carente. O Caveirão avança até certo ponto e para diante da cena de horror: em um dos trilhos fincados no meio da rua está amarrada uma criança de 3 anos, usada como escudo vivo pelos traficantes.[50]

A porta do veículo se abre e um soldado corre, debaixo da mira dos criminosos, para liberar a criança. A tropa agora avança com sede de justiça, varrendo as vielas dos morros em busca dos criminosos. A justiça é servida aos bandidos com o sangue quente da indignação.

Não é isso que a teoria abstrata da Justiça propõe. Ela determina que os criminosos sejam presos e conduzidos até um tribunal, onde juízes imparciais, movidos por ritos protocolares e burocráticos, determinarão sentenças de acordo com critérios codificados por legisladores, a maioria dos quais não tinha conhecimentos básicos de direito ou qualquer experiência no combate ao crime quando criou a lei.

Nenhum deles — legislador ou juiz — subiu a favela dentro do Caveirão ou viu a criança amarrada no trilho. Muitos deles — legisladores e juízes — andam em carros blindados e cercados de seguranças. A maioria jamais enfrentou um bandido armado em um beco escuro nem precisou tomar decisões de vida ou morte em segundos. Nossos operadores do direito estão presos a ritos ultrapassados e a leis ineficazes como instrumento de punição a criminosos.

Como o soldado que libertou a criança e enfrentou os monstros morais do narcotráfico consegue entender uma justiça ritualizada, demorada e ineficaz? Como exigir serenidade e equilíbrio diante de uma criança de 3 anos amarrada sob o sol para servir de alvo? Essas não são questões ingênuas ou "simplistas". Para responder a elas, é preciso entender não só a realidade da nossa segurança pública, mas também a visão equivocada e distorcida dessa realidade, divulgada pela mídia, que tem servido como base para a formulação de políticas públicas destinadas à lata de lixo da história.

Pergunta: qual é a polícia que queremos?

Resposta: queremos um policial com a coragem do Rambo, a perícia de um Robocop, a capacidade de reflexão de filósofos, o conhecimento de um jurista e o equilíbrio de um monge. Ele deve ser capaz de abstrair-se da podridão violenta que o cerca e agir com o padrão moral dos santos.

Não vai rolar.

Nossa polícia ainda é considerada por boa parte da população como um aparato repressivo a serviço de um poder ilegítimo. O monopólio da violência pelo Estado brasileiro serviu tradicionalmente a fins políticos e de repressão. Esse Estado, capturado pelas oligarquias e colocado a serviço de seus interesses patrimoniais, nunca teve a legitimidade de ser uma construção da sociedade a serviço de todos. Por isso, a polícia é vista como coisa ruim. Está no sangue do brasileiro. Mesmo quando não deve nada, ele se assusta com a visão da polícia.

HÁ DÉCADAS O IMAGINÁRIO BRASILEIRO VEM TRATANDO O BANDIDO COMO UM REBELDE E UM REVOLUCIONÁRIO QUE RESISTE ÀS PRESSÕES DO "SISTEMA". O crime nada mais é que a justa reação à concentração corrupta do poder nas mãos do Estado. Os bandidos escolheram esse caminho porque são revolucionários ou porque são pobres, herdeiros das injustiças do passado colonial de um país que foi o último do mundo a abolir oficialmente a escravidão.

O pensamento marxista ainda domina a posição do meio acadêmico sobre segurança pública, automaticamente classificando os criminosos como vítimas indefesas de um processo histórico ou como a vanguarda revolucionária de uma nova ordem social. Marx aponta o dedo para os pobres e diz que classe e posição social lhes determinam a consciência. Esse fatalismo ideológico não dá ao cidadão humilde, principalmente ao favelado, nenhum outro papel que o de pobre coitado, infantilizado e sem consciência de sua posição na sociedade, eternamente refém de políticos populistas e de narcotraficantes preparados para a guerra. **O DETERMINISMO MARXISTA ACADÊMICO E O EMARANHADO DE TEORIAS SEM SENTIDO PRODUZIDAS POR "ESPECIALISTAS"** sem nenhuma experiência real em policiamento **RESULTAM NA IMPOSSIBILIDADE DE AÇÕES PRÁTICAS CONTRA O CRIME**. O criminoso é o produto de uma sociedade injusta e não tem responsabilidade por suas escolhas. O crime não é resultado de escolhas individuais. A culpa e a responsabilidade são da sociedade.

Como diz Thomas Sowell:

> Parece que estamos rumando em direção a uma sociedade em que ninguém é responsável pelo que faz, mas todos nós somos responsáveis por aquilo que outras pessoas fizeram, no presente ou no passado.

Esse é o círculo vicioso em que nos colocam nossos "especialistas": não se pode resolver o crime até que se resolva a *injustiça social*. E como isso é uma tarefa impossível, portanto, não é possível encontrar um ponto de partida e todas as mãos permanecem atadas. Exceto as mãos dos criminosos, é claro, que, não tendo lido Marx, continuam dominando seus territórios, massacrando inocentes e espalhando o medo permanente que caracteriza a vida do brasileiro.

Alguns desses "especialistas" — antropólogos, sociólogos e professores de História que nunca seguraram uma arma ou prenderam um criminoso — ganham a vida vendendo uma obsessão com a "desmilitarização" da Polícia Militar.

O tema é irrelevante.

Os problemas da nossa polícia nada têm a ver com o fato de ela ser "militarizada" (Polícia Militar) ou "desmilitarizada" (Polícia Civil). Esses problemas têm origem na legislação (leis penais e regimentos internos), organização, rotinas de trabalho, uso (ou não) de tecnologia e, principalmente, no fato do chamado "ciclo policial" ser dividido entre duas organizações: uma que exerce as funções de polícia ostensiva e de preservação da ordem pública e a outra que atua como polícia de apuração da infração penal e exerce funções de polícia judiciária. Há quem diga que, na verdade, não temos duas polícias, e sim quatro: uma dos oficiais, outra dos praças, outra dos delegados e outra dos agentes.

Existe no mundo grande diversidade de modelos de polícias que funcionam. Não parece haver receita única. A maioria das polícias do planeta tem algum grau de militarização. Nos EUA, existem mais de 16 mil (isso mesmo) forças policiais. As polícias americanas são essencialmente municipais, mas existem polícias de sistemas escolares, de universidades e de entidades estatais (como a Port Authority de Nova York, por exemplo), além, é claro, das polícias estaduais (*state troopers*) e federais (como FBI e ATF — Bureau of Alcohol, Tobacco, Firearms and Explosives, entre outras). A maior parte das polícias municipais americanas tem poucas dezenas de policiais, que trabalham em grande proximidade com a comunidade que protegem e, geralmente, nela residem.

Tudo isso precisa ser entendido e discutido.

Nada disso tem a ver com "desmilitarização".

Ao contrário. Existem até bons argumentos que defendem a importância da hierarquia militar para controlar os imensos contingentes das Polícias Militares que, no país inteiro, somam um efetivo maior do que o do Exército, Marinha e Aeronáutica juntos. Só a Polícia Militar de São Paulo tem, aproximadamente, 100 mil policiais — mais que as Forças Armadas de muitos países. Segundo esses argumentos, a estrutura, a hierarquia e a disciplina militares se prestam bem à manutenção dos objetivos constitucionais das Polícias Militares, promovendo a defesa dos interesses do cidadão por meio de instrumentos efetivos de controle; se há distorção no uso desses instrumentos, seria no mínimo ingênuo pensar que aqueles que distorcem esses instrumentos deixariam de fazê-lo num contexto de anomia buscado por aqueles que defendem a "desmilitarização".

Enganam-se aqueles que procuram, com uma mistura de ingenuidade e esperteza, uma "bala de prata" (para usar uma analogia apropriada) que resolva, em um passe de mágica, a crise de segurança.

"DESMILITARIZAÇÃO" É BANDEIRA IDEOLÓGICA. NADA MAIS.

Continuo agora com uma história contada por um de meus amigos:

Um dia desses peguei um processo criminal em fase de execução da pena. O vagabundo (nota do autor: "vagabundo" é um termo técnico para criminoso) queria sair para visitar a mãe.

Faltavam ainda 7 anos de pena a serem cumpridos.

Sete anos.

A "vítima da sociedade" tinha mais de cinco anotações criminais. No cumprimento da pena anterior, voltou a delinquir justamente durante a saída temporária.

Foi preso outra vez em flagrante, e agora pedia novamente uma saída para "ver a mãe".

O juiz concedeu a saída. Disse que o vagabundo tinha bom comportamento e que já havia cumprido o tempo de pena necessário para gozar do benefício.

E que a saída tinha caráter "ressocializador".

Pare um instante e reflita sobre isso. Então, continue com o meu amigo:

Puxei o relatório de cumprimento de pena dele.

Nenhuma anotação de trabalho.

Nenhuma anotação de curso ou leitura de livro.

Nada.

O vagabundo não fez nada na prisão.

Nossa bela Constituição proíbe trabalhos forçados.

Mas, segundo essa mesma Constituição, sair da cadeia cinco vezes por ano, cada visita durando sete dias — sem nenhuma supervisão — é "ressocializador".

É claro.

Todo mundo sabe que o bandido da história acima só queria visitar a mãe, levar flores e tomar chá com bolinhos. Ou não? Como se sente um policial diante da realidade da nossa Justiça Criminal? Vamos ler o relato de um policial militar do Rio de Janeiro — um dos milhares de policiais anônimos que, todos os dias, arriscam a vida nas ruas:

Eu estava com um colega em patrulha de rotina, na Rua Bolívar, em Copacabana, em um dia de agosto de 2018.

Por volta de 11h30, notamos um indivíduo em atitude suspeita. Ao ser abordado, ele prontamente admitiu que tinha antecedentes criminais, mas afirmou que estava "limpão". Como de costume, realizamos busca pessoal e solicitamos um levantamento ao núcleo de inteligência. O resultado da pesquisa confirmou a existência de antecedentes por furto, roubo (assalto) e tentativa de homicídio, entre outras anotações.

Não existia nenhum mandado de prisão em aberto, mas o suspeito estava respondendo pelo crime de roubo no regime de liberdade condicional, com a obrigação de comparecer à justiça a cada três meses.

Examinamos os documentos que estavam em seu poder, a fim de verificar se eram realmente seus, ou produto de algum crime. Chamou nossa atenção um cartão do Bolsa Família em nome do criminoso. Quando nos viu olhando o cartão, o indivíduo declarou que era um direito seu, e que todo mês ia à lotérica sacar os 90 reais do Bolsa para sustentar seu vício em crack e maconha. "Se o governo disse que tenho esse direito, faço questão de pegar todo mês aquilo que é meu, e sou muito grato ao governo por isso", disse ele.

Por curiosidade, perguntei se ele votava. Ele respondeu que sim, mas que esse ano não iria votar para economizar passagem, pois seu local de votação era em Santa Cruz. Como os bandidos de lá pertenciam a uma facção diferente da sua, preferia viver nas ruas de Copacabana, onde o havíamos encontrado. Disse também que não tinha mais contato com seus familiares, e repetiu que estava feliz com a política do país que lhe garantia um cartão do Bolsa Família.

O relato nos induz a uma reflexão sobre nossas políticas públicas. Não classifico esse tipo de benefício como ruim, nem acho que um "apenado" não possa ser ajudado pelo governo; ao contrário, temos que investir na *ressocialização* para não o ter novamente em nossos tribunais e penitenciárias. Mas entendo que políticas assistencialistas deixam a população acomodada, sem querer trabalhar, pois ganham benefícios sem esforço. É evidente que temos parcelas da sociedade que necessitam de verdade desse tipo de ajuda para sobreviver; porém é preciso direcionar o benefício a quem realmente precisa e faz jus a ele.

> É revoltante saber que nossos impostos estão sendo utilizados para sustentar programas eleitoreiros e assistencialistas, que permitem a viciados e criminosos gozar de privilégios, enquanto vivemos enclausurados em nossas casas, com medo do crime sem fim e sujeitos às piores crises políticas, econômicas e sociais.

Quando a mídia publica manchetes relacionando crime com preconceito e "desigualdade", muitas pessoas ficam comovidas. Essas pessoas teriam um choque se conhecessem a verdade por trás de alguns casos. O discurso politicamente correto é usado, muitas vezes, para encobrir fatos inacreditáveis.

Em 2010 e 2011, uma parceria do Ministério Público do Rio Grande do Sul com a inteligência do Comando Metropolitano da Brigada Militar realizou uma grande investigação. O alvo era uma quadrilha de traficantes chamada "Os Manos".

Interceptações telefônicas revelaram informações sobre a sofisticação da quadrilha. Os criminosos haviam diversificado suas atividades e já tinham até um bar.

Mas outro bar, de um concorrente, estava atrapalhando os negócios.

Os criminosos criaram um plano para resolver a situação.

Muita atenção agora:

O plano era criar uma confusão no concorrente para que a prefeitura interditasse o local.

A quadrilha recrutou um criminoso deficiente visual e cadeirante, conhecido como "Ceguinho". Sua missão era ir até o bar concorrente e abordar o segurança. Quando o segurança estivesse bem próximo, Ceguinho iniciaria agressões e ofensas com o objetivo de provocar uma reação. Qualquer que fosse a reação do segurança, Ceguinho se jogaria no chão e gritaria simulando dor.

O plano não acabava aí. Vários membros da quadrilha estariam ali também. Assim que Ceguinho caísse, iriam chutá-lo. Outros membros filmariam as agressões, sempre com o cuidado de filmar apenas os chutes, sem mostrar o rosto dos agressores. Quem assistisse ao vídeo concluiria, logicamente, que os agressores eram os seguranças do bar.

Esse plano todo foi registrado em detalhe nas gravações das conversas da quadrilha. Um resumo está nos autos do processo 008/2.11.0003402-4 da 3ª Vara Criminal, Comarca de Canoas, RS.

Os planos da quadrilha foram impedidos pela ação policial.

Agora vem a pergunta importante: o que teria acontecido se a polícia não tivesse conseguido impedir a ação dos criminosos?

Qual seria a manchete dos jornais no dia seguinte?

Quantos negócios e pessoas inocentes — incluindo policiais — já tiveram sua reputação destruída dessa forma?

A guerra contra o crime é assimétrica e injusta. No dia 2 de outubro de 2020, uma sexta-feira, a equipe da 12ª Delegacia de Polícia Civil do Rio de Janeiro, localizada em Copacabana, provou que essa guerra injusta pode ser vencida.

A temperatura havia subido no Rio e as praias ficaram lotadas. Com os banhistas, também vieram os predadores de sempre: marginais oportunistas e violentos, profissionais do crime, atacando em bando, roubando celulares, cordões e bolsas.

Mas, naquele dia, eles tiveram uma surpresa.

Uma equipe de policiais civis esperava por eles.

Vestida com roupas civis, a equipe da 12ª DP passava despercebida no meio da multidão. Confundidos com cidadãos comuns, os policiais estavam em posição privilegiada para flagrar os criminosos em ação e efetuar a prisão.

As prisões foram muitas. Os quatro policiais foram heróis, enfrentando os grupos de bandidos em uma situação volátil e perigosa, demonstrando perícia, coragem e profissionalismo.

Naquele dia, naquele local, o jogo virou a favor do bem, da lei e da ordem.

Ações inovadoras como essa criam incerteza e insegurança para o marginal, que nunca saberá se há um policial observando.

É importante conhecer a verdade sobre o termo "letalidade policial" e sobre a manipulação das estatísticas de criminosos mortos em confronto com a polícia.[51]

Mortes de criminosos em confronto com a polícia não são necessariamente crimes, isso é óbvio. A morte de um criminoso em uma ação policial pode ser simplesmente um efeito do enfrentamento do crime pelos agentes do Estado. Se houvesse excesso ou ilegitimidade da ação — e apenas nesse caso —, o fato deixa de ser uma morte decorrente de intervenção legal e passa a ser, então, um homicídio. **QUANDO UM CRIMINOSO OFERECE RESISTÊNCIA COM INTENÇÃO DE MATAR O POLICIAL, E ESTE O ABATE, NÃO SE PODE FALAR EM HIPÓTESE DE HOMICÍDIO**, pois estão presentes as excludentes de ilicitude [1] do estrito cumprimento do dever legal, ao intervir, e [2] de legítima defesa ao proteger a própria vida.

É absurdo chamar toda e qualquer morte decorrente de ação policial de homicídio. É preciso diferenciar as situações.

Essa diferenciação é adotada pela ONU, pelo FBI e pelo Eurostat (Gabinete de Estatísticas da União Europeia). Entretanto, apesar disso, esse conceito ainda não foi compreendido pela mídia brasileira, muito menos por alguns "especialistas" em segurança pública, convidados frequentes de programas de TV e colunas de jornal. Ele também não foi adotado pelos principais produtores de estatísticas criminais.

O problema é ainda mais grave: a divulgação de estatísticas sobre "letalidade policial", em geral, incorre em um grave erro metodológico, que consiste na utilização de números absolutos, quando o certo seria relacionar o número de mortos em confronto com o número de criminosos presos.

É simples de entender. Vamos lá:

Infratores são mortos quando a polícia está tentando prendê-los. Assim, quanto maior o número de prisões, maior a probabilidade da ocorrência de morte de criminosos. Uma polícia que prende mais tende a ter números absolutos de "letalidade" maiores do que outra polícia que prende menos.

Traduzindo: se a polícia vai à rua efetuar prisões, é de esperar que aumente o número de criminosos mortos. Se a polícia faz poucas prisões, sua "letalidade" deverá ser mais baixa.

Vejamos um exemplo:

Em janeiro e fevereiro de 2007, no Rio de Janeiro, foram mortos 207 criminosos em confronto com policiais e 4.631 infratores foram presos. Em janeiro e fevereiro de 2019, o número de criminosos mortos em confronto foi de 305, enquanto 10.215 criminosos foram detidos.

O número de criminosos mortos em 2019 foi chamado de "novo recorde" pela mídia e denunciado pelos "especialistas".

É mentira.

O número de mortos em confronto com as polícias deve ser relacionado com o número de prisões realizadas no mesmo período. Vamos fazer as contas.

No Estado do Rio de Janeiro, nos dois primeiros meses de 2019, um infrator foi morto a cada 33 presos pela polícia (10.215 dividido por 305). No mesmo período de 2007, um criminoso foi morto em confronto para cada 22 presos ou apreendidos (4.631 dividido por 207).

Para ficar mais fácil entender:
2007 — um morto para cada 22 presos
2019 — um morto para cada 33 presos

A "letalidade policial" verdadeira *foi reduzida* em 50% em 2019 quando comparada com 2007. Mas você *jamais* saberia disso lendo jornais ou assistindo ao noticiário da TV.

Existe outro aspecto da luta contra o crime que merece uma reflexão. Gostaria de tentar explicá-lo.

Este livro apresenta várias histórias de vítimas de assassinatos. São histórias duras, de perdas terríveis e irreparáveis. O noticiário de hoje — do dia em que você lê esta página — deve estar cheio de matérias sobre os mais diversos tipos de crime. É claro que esses são apenas uma pequena parte dos crimes que foram cometidos. A maior parte crimes nunca é publicada na mídia — não haveria nem espaço.

Mas perceba: para cada crime cometido, vários outros foram evitados pela ação da polícia e da Justiça. *Mas esses quase-crimes nunca serão notícia, porque não aconteceram.*

Entretanto, o policial que revista um suspeito na rua, descobre que há um mandado de prisão em aberto contra ele e o leva a uma delegacia pode ter evitado um homicídio. O juiz que determina a internação de um grupo de *menores infratores* pode ter evitado vários estupros. A operação policial que apreendeu drogas e armas em uma favela pode ter evitado assaltos a carros-fortes, que seriam executados com aquelas armas.

Mas você jamais verá uma manchete dizendo: no dia de hoje, no Rio de Janeiro, 47 homicídios *não aconteceram* graças à ação das forças de segurança.

A HISTÓRIA DE JOSÉ, CELSO E VICTOR

Às 4h42 da madrugada do dia 8 de agosto de 2020, a equipe do 23º Batalhão de Polícia Militar composta pelo terceiro-sargento, José Valdir de Oliveira Júnior, e pelos soldados, Celso Ferreira Menezes Júnior e Victor Rodrigues Pinto da Silva, estava em patrulha na Zona Oeste de São Paulo quando notou um veículo em atitude suspeita e decidiu abordá-lo.

Um dos passageiros desceu e se identificou como policial.

O indivíduo entregou uma pistola ao comandante da equipe, o sargento José Valdir. O sargento, então, se dirigiu à viatura para consultar o registro.

Nesse momento, o homem sacou outra arma e atirou contra a equipe. Os três policiais militares foram baleados. Um deles conseguiu reagir e atingir o agressor.

O criminoso foi levado ao Hospital Regional de Osasco, onde morreu. Constatou-se que não era policial.

Os três policiais militares foram levados, já inconscientes, ao Hospital Universitário.

O sargento José Valdir e o Soldado Victor não resistiram aos ferimentos. O soldado Celso Menezes foi encaminhado ao centro cirúrgico, mas também veio a falecer.

O sargento José Valdir tinha 37 anos, era casado e tinha uma filha, Gabrielly, de 16 anos. Sua esposa, Bianca, estava grávida de gêmeos. Ele estava na Polícia Militar havia 14 anos e cinco meses.

O soldado Celso Menezes tinha 33 anos, era divorciado e estava na Polícia Militar fazia 10 anos e cinco meses.

O soldado Victor Rodrigues tinha 29 anos e deixou a esposa, Ana Carolina, grávida. Ele estava na Polícia Militar havia 6 anos e nove meses.

Como é tradição da Polícia Militar de São Paulo, no horário do sepultamento dos policiais, todos os policiais militares de serviço, que não estavam atendendo a ocorrências, estacionaram seus veículos em local seguro e bem visível e acionaram os dispositivos luminosos e sonoros da viatura por um minuto.

Durante a homenagem, as equipes desembarcaram de suas viaturas, permanecendo em posição de sentido e prestando continência.

O criminoso em seu labirinto

Uma parte significativa dos criminosos não se regenera. Para muitos indivíduos, o crime é uma ocupação como qualquer outra. Criminosos profissionais fazem do assalto, do sequestro, da extorsão e da venda de drogas meios de ganhar a vida. Muitos desses criminosos simplesmente nunca tiveram uma atividade lícita e, sempre que virem uma oportunidade, praticarão crimes.

Alguns homens e mulheres não entendem a importância de controlar seus impulsos. A falta de barreiras morais e a incapacidade de se colocar no lugar do outro fazem com que eles não hesitem em recorrer ao crime para satisfazer suas necessidades de dinheiro, status e sexo. A única coisa que pode parar esses criminosos é um encontro com a polícia e a prisão. Essa é a realidade em todos os países — uma realidade cada vez mais ignorada no Brasil em nome da ideologia.

A função principal da prisão é afastar o criminoso do convívio social, impedindo-o de continuar a cometer crimes. A segunda função é enviar um sinal a toda a sociedade de que a atividade criminosa não será tolerada. A terceira é punir o criminoso pelo crime que cometeu.

Essa última função é especialmente repudiada pelo pensamento politicamente correto, segundo o qual o criminoso não deve ser punido, mas *acolhido*. Esse tipo de pensamento confere ao crime violento um caráter de ato de protesto contra a injustiça e a "desigualdade" do mundo, e ao criminoso um papel de combatente pela causa de uma revolução. Puni-lo seria apenas a confirmação da opressão do "sistema" que, através do seu "mecanismo de concentração de riqueza" (substitua essa frase por outro bordão político qualquer) produziu o criminoso em primeiro lugar.

Mas tente dizer isso ao morador de uma favela, pai de uma criança que foi estuprada e depois afogada em uma vala de esgoto.

A visão romantizada do criminoso e do crime, e o equívoco (ou, em alguns casos, a deliberada estratégia político-ideológica) de transferir a responsabilidade do autor do crime para a sociedade, não são apenas violações da lógica e da moral; elas ignoram a imensa massa de estudos e de literatura científica já produzida sobre o tema, aqui no Brasil e lá fora, que afirma, com base em evidências claras, que **O CRIME É UMA ESCOLHA RACIONAL QUE O CRIMINOSO FAZ DEPOIS DE AVALIAR OS RISCOS E BENEFÍCIOS DE SUA AÇÃO.**

Toda vez que algum crime, especialmente violento e perverso, toma as manchetes da mídia brasileira, surgem "especialistas" e "ativistas" para justificar o criminoso, com a já conhecida alegação de que o crime foi cometido porque o criminoso era uma pessoa traumatizada por dificuldades financeiras, por discriminação social ou pela opressão da sociedade capitalista. O que esses "especialistas" fazem é assumir a posição oficial de *intérpretes* dos criminosos, arrogando-se o fantástico poder de adivinhar quais foram as motivações que os levaram ao crime.

Essa não é uma posição lógica.

Essa é uma posição *ideológica*.

DO PONTO DE VISTA DA SOCIEDADE, A FUNÇÃO DA PRISÃO COMO PUNIÇÃO É ESSENCIAL. A SENTENÇA DO CRIMINOSO É UMA RESPOSTA QUE A JUSTIÇA DÁ ÀS FAMÍLIAS E AOS INDIVÍDUOS QUE TIVERAM SEUS DIREITOS VIOLADOS PELO BANDIDO. A falta de respostas adequadas leva a justiça para as ruas.

A prisão é uma das formas mais humanas de punição. Basta lembrar que, até poucos séculos atrás, criminosos eram condenados a espancamento e torturas, ou executados de forma cruel e lenta. Hoje, nas democracias ocidentais, até o autor do crime mais sádico e obsceno será condenado, no máximo, a uma sentença de prisão pelo resto da vida ou a uma pena de morte, executada de forma a minimizar seu sofrimento.

No Brasil, não existem nenhuma dessas duas opções.

Exceto no tribunal do crime — em que o processo é rápido, a pena é efetiva e garantias são desconhecidas (como diz Marcelo Rocha Monteiro, "Não importa se você acredita ou não na pena de morte. *O bandido brasileiro acredita*").

O legado de devastação intelectual e moral deixado pelos governos de esquerda no Brasil chegou à linguagem usada pelo sistema de Justiça Criminal.

Palavras são importantíssimas. Elas são o instrumento de articulação do pensamento. É impossível articular um pensamento correto com instrumentos tortos.

Foi a hegemonia absoluta do *progressismo* no pensamento brasileiro sobre segurança pública que mudou a forma como são chamados os criminosos presos, inclusive aqueles mais perversos e perigosos. Olhando para trás agora, é fácil entender a estratégia: usar as palavras para tornar cada vez mais explícita a ideia de que o bandido é um pobre coitado e de que a culpa pelo crime que ele cometeu é *coletiva — a culpa é da sociedade.*

Perceba a progressão da linguagem:

Antigamente, os criminosos presos eram chamados de "presos" mesmo, ou de presidiários.

Depois se tornaram "detentos".

Em um certo momento, passaram a ser chamados de "apenados".

Depois viraram "reeducandos".

E, finalmente, hoje, "pessoas privadas de liberdade".

Acreditem: esse é o termo oficial usado hoje.

Não acreditam? Basta dar uma olhada no site do Departamento Penitenciário Nacional (Depen).[52] Até o MEC usa esse termo.[53]

Um país que decidiu chamar dessa forma seus criminosos presos não acredita que eles mereçam qualquer punição.

E UMA SOCIEDADE QUE NÃO CONSEGUE CONDENAR MORALMENTE SEUS CRIMINOSOS JAMAIS CONSEGUIRÁ CONDENÁ-LOS JUDICIALMENTE.

Dizem a lógica e a moral — e o próprio conceito de Estado de Direito — que a punição do criminoso tem que ser proporcional ao crime cometido. Ou dito de outra forma: *a sentença do criminoso não pode ser mais leve que a sentença da vítima.*

Como se trata de punição, uma prisão jamais será uma colônia de férias paga com os impostos dos cidadãos honestos. É evidente que todo indivíduo merece ser tratado de acordo com a Declaração Universal dos Direitos Humanos. Mas esses direitos precisam ser garantidos primeiro aos indivíduos cumpridores da lei, e não aos que a violam. Um criminoso não pode ter direitos que são negados a um cidadão decente. Enquanto um pai de família assassinado pode deixar sua família na miséria, a família do assassino pode ser protegida pelo "Auxílio-Reclusão" (perceba a cuidadosa escolha das palavras).

Criado pela Lei nº 8.213, de 24 de junho de 1991, o *Auxílio-Reclusão* dá ao preso o direito de receber um *benefício* de até 1.503,25 reais (valor vigente no ano de 2021). Para isso, o preso precisa apenas comprovar que exerceu atividade remunerada que o enquadre como contribuinte obrigatório da Previdência Social. Trocando em miúdos: basta o criminoso ter passado pelo período de experiência de 90 dias em um emprego antes de cometer um crime para que, ao ser preso, sua família tenha direito a receber o auxílio todo mês. Em 2012, o governo pagou 434 milhões de reais em Auxílio-Reclusão.[54]

O Auxílio-Reclusão é um deboche. Dar dinheiro do Estado para um criminoso enquanto ele cumpre sua pena é fazer piada com o sistema de Justiça Criminal e com o sofrimento das vítimas.

Quando apresento minha crítica a essa inaceitável inversão da lógica e da moral (mais uma), alguns usam o argumento — que funciona com muitas pessoas — de que *o dinheiro vai para a família do preso, não para ele.*

Eu pergunto: e daí?

Me perguntam: mas a família do preso vai ficar desamparada, Roberto?

Eu pergunto: *e a família da vítima, vai ser amparada por quem?*

Na verdade, a família da vítima, além de não receber nada, também ajuda — com seus impostos — a sustentar a família do criminoso.

Perceba a gravidade do que está acontecendo aqui: confrontados com a situação trágica de um crime —por exemplo quando um bandido, para roubar um celular, mata um pai de família —, os arquitetos da confusão jurídica que é o sistema de Justiça Criminal brasileiro *fizeram a opção de ajudar a sustentar o criminoso e sua família* e esqueceram a família da vítima.

É óbvio que aquele que escolhe o caminho do crime coloca o sustento de sua família em risco. Mas os legisladores brasileiros resolveram proteger o criminoso desse risco.

É a moral pelo avesso.

Em abril de 2018 ouvi o seguinte depoimento de um amigo advogado:

> Um cliente meu foi assaltado, registrou a ocorrência e reconheceu o assaltante na delegacia. Não tiveram nenhum cuidado. Ficaram cara a cara. Um tempo depois, ocorreu a audiência e, novamente, o colocaram

cara a cara com o bandido. No dia seguinte da audiência, o interfone da casa dele na Zona Oeste tocou. Era a esposa do assaltante com um bebê no colo *suplicando* para que ele revertesse a situação. Ele recebeu telefonemas e mais telefonemas do bandido e da família do bandido. Resultado: meu cliente ficou em parafuso, mudou-se para a casa da sogra, foi diagnosticado com síndrome do pânico e hoje está à base de remédios e fazendo tratamento psiquiátrico, sem conseguir trabalhar e dependendo do auxílio do INSS para sobreviver.

Tudo precisa mudar.

Precisamos de uma Lei de Execução Penal que puna de verdade, sem oferecer benefícios injustificáveis ao preso, como visitas íntimas e *saídas temporárias*. O que são essas "saídas"? Pela atual lei brasileira, um criminoso preso pode ser autorizado a deixar a cadeia, anualmente, em até cinco ocasiões, e cada "saída temporária" pode durar até sete dias. Isso dá um total de trinta e cinco dias de "férias" — período maior do que as férias de um trabalhador que não comete crimes. Normalmente, essas "saídas" acontecem em datas festivas, como Natal, Ano-Novo, Páscoa, Dia das Mães, Dia dos Pais e Finados. Na maioria das comunidades do Rio de Janeiro, essas "saidinhas" transformam as festividades em épocas de medo e perigo, durante as quais os criminosos retornam para ajustar contas ou cumprir missões que lhes foram dadas na cadeia.

INVESTIR NO CRIME TEM QUE DEIXAR DE SER UM BOM NEGÓCIO NO BRASIL. PRECISAMOS DE PROMOTORES, DEPUTADOS, SENADORES, JUÍZES E DESEMBARGADORES COM A CORAGEM DE DIZER ISSO.

Nosso Código Penal é inadequado para o mundo moderno e para nossa cultura. As penas previstas são, em muitos casos, uma piada de mau gosto. Vamos examinar o caso da corrupção. Parece justo dizer que, independentemente de ideologia, os brasileiros são unânimes em reconhecer que a corrupção é um de nossos maiores problemas e deve ser punida de forma exemplar. Mas o que diz a nossa lei?

Imagine um fiscal preso em flagrante recebendo propina. Ele é condenado por corrupção passiva (artigo 317, parágrafo 1 do Código Penal) e, como é réu primário, receberá uma pena de 2 anos com aumento de um terço, ou seja, uma pena final de menos de 3 anos. Uma pena como essa já começa a ser cumprida em regime aberto, em "prisão-albergue". Na prática, como nunca há vagas nos albergues, ele cumprirá sua pena (se podemos chamá-la assim) em "prisão-albergue domiciliar", ou seja, em casa. Gastando os milhões que roubou.

Essa é a punição que a lei brasileira prevê para os corruptos. Niall Fergusson, em *A Grande Degeneração*, diz:[55]

> Estudiosos do desenvolvimento, como o economista Paul Collier, descrevem o estabelecimento do Estado de Direito ocorrendo em quatro fases. A primeira (e indispensável) fase é reduzir o crime violento. A segunda é proteger os direitos de propriedade. A terceira é impor restrições institucionais ao governo. A quarta é prevenir corrupção no setor público.

Crime é escolha.

Quanto mais poderoso o criminoso, mais consciente a escolha.

A sentença que o criminoso recebe é, antes de tudo, uma prestação de contas à sociedade.

É através dela que os juízes ganham respeito, e as vítimas desistem de fazer justiça com as próprias mãos.

Para entender melhor o problema do crime no Brasil e as alternativas que temos para resolvê-lo, é preciso também perguntar: para que servem as prisões? Elas realmente reabilitam?

"Sem punições para aqueles que as violam, as leis são ineficientes. No caso da lei criminal que proíbe homicídio, agressão, estupro, roubo e outros crimes, a punição pode tomar a forma de prisão", diz A.C. Grayling, professor de filosofia da Universidade de Londres, em seu livro *Ideias que Importam*. Ele lembra que existem outras questões importantes. Será que a punição é a resposta correta ao crime? Não seria melhor pensar em termos de reabilitação, reparo e compensação? Será que prendemos criminosos para proteger o público, e não para punir o criminoso?

Segundo Grayling, as teorias de punição se dividem em dois grupos. O primeiro é o da escola Utilitária, que afirma que a punição só é certa se produz boas consequências, como proteção da sociedade e reabilitação do ofensor. O segundo grupo é o da escola Retributiva, que diz que, se um erro é cometido voluntariamente e o ofensor tem consciência disso, ele merece ser punido e sofrer.

Em meados do século XX, ainda havia visões otimistas sobre a possibilidade de usar o sistema penal como uma oportunidade de reabilitar criminosos e devolvê-los à sociedade como cidadãos melhores. Essa ideia foi incorporada, por exemplo, no nome usado nos Estados Unidos para o sistema penitenciário — que é chamado de sistema "correcional".

"Mas, por uma dessas dolorosas ironias que nos ensinam as melhores lições, os Estados Unidos encarceram uma porcentagem maior de sua população que qualquer outro país", diz Grayling. Ao mesmo tempo — ou talvez como consequência disso —, os Estados Unidos têm índices de criminalidade muito inferiores aos dos países em desenvolvimento.

Segundo Grayling, estudos sobre reincidência criminal realizados por especialistas em direito penal, criminologistas e sociólogos nos anos 1970 demonstraram que as prisões não reabilitam:[56]

> A esses fatos empíricos juntaram-se as vozes de filósofos retornando à ideia de que a punição é, na verdade, essencialmente retributiva, e com propriedade, pois serve aos interesses da Justiça que o causador de dano e sofrimento pague o custo dos seus atos com sua liberdade e sua propriedade.

==SE AS PRISÕES SÃO INCAPAZES DE REABILITAR OS CRIMINOSOS PARA UMA VIDA EM SOCIEDADE== — objetivo que provavelmente nunca foi viável —, elas ==AINDA ASSIM CUMPREM UM IMPORTANTE PAPEL: O DE DEMONSTRAR A DISPOSIÇÃO DA SOCIEDADE DE PUNIR DE FORMA EXEMPLAR AQUELES QUE VIOLAM SEUS VALORES MAIS SAGRADOS.==

O sistema penitenciário não recupera criminosos. ==RESSOCIALIZAÇÃO É UM CONCEITO IDEOLÓGICO USADO PARA ALIVIAR A CULPA DO CRIMINOSO E "PROVAR" A "INEFICÁCIA" DA PRISÃO==. A mídia e os "especialistas" brasileiros repetem todos os dias: *não adianta prender criminosos porque nossas prisões são horríveis e não "ressocializam" os presos.*

Mas a prisão não "ressocializa" nem reabilita em nenhum país do mundo. Nenhum sistema penitenciário do mundo faz isso.

A taxa de reincidência de ex-presidiários nos Estados Unidos é de 60%. A média europeia é de 55%. Dois terços dos ex-presidiários da Grã-Bretanha são presos novamente em um período de 3 anos.[57]

Sobre os Estados Unidos, diz Barry Latzer:[58]

> Entre os criminosos em liberdade condicional a reincidência é assustadoramente elevada. Uma pesquisa feita com presos de quinze estados [americanos] que foram soltos em 1994 descobriu-se que 30% deles haviam sido presos novamente nos seis meses seguintes à saída da prisão. Após 2 anos, dois terços dos criminosos foram presos novamente [...] Mesmo criminosos que tinham sido condenados por crimes sem violência frequentemente cometiam crimes violentos depois de soltos.

Apenas uma minoria dos criminosos se regenera, e a influência do Estado nesse processo é mínima. Por mais que isso ofenda os ideólogos e muitas pessoas bem-intencionadas, crime é uma escolha individual, especialmente o crime econômico, cometido pelo criminoso para ganhar uma vantagem ou benefício (que pode ou não ser material).

Resta lidar com um dos argumentos mais frequentes contra a prisão de criminosos: o de que manter alguém preso custa caro. Na verdade, custa muito mais caro deixá-lo solto, como explica o economista Thomas Sowell em seu livro *Economia Básica*.[59]

> Uma das objeções levantadas contra a construção de mais penitenciárias para manter mais criminosos presos por maiores períodos é que custa ao Estado uma grande quantia de dinheiro mantê-los atrás das grades.
> Frequentemente se faz uma comparação entre o custo de manter um criminoso preso *versus* o custo de manter uma pessoa na escola pelo mesmo período.
> Entretanto a alternativa relevante aos custos de encarceramento incorridos pelo Estado são os custos impostos à população quando criminosos profissionais estão fora das prisões.

No início do século XXI, por exemplo, os custos totais do crime na Grã-Bretanha foram estimados em 60 bilhões de libras por ano, enquanto os custos totais das prisões são menos de 3 bilhões.

É claro que os funcionários do governo estão preocupados com os 3 bilhões de custo das prisões que são de sua responsabilidade, e não com os 60 bilhões que afetarão diretamente os cidadãos.

Nos Estados Unidos, estimou-se que o custo de manter um criminoso profissional atrás das grades é 10 mil dólares por ano MENOR que o custo de deixá-lo nas ruas.

Os custos do crime são espalhados pela sociedade. São custos dos guardas de segurança — necessários para quase toda a atividade comercial minimamente importante no país —, dos alarmes, das câmeras, o valor dos objetos, mercadorias e dinheiro levados por assaltantes, e as perdas — enormes, mas quase impossíveis de medir — geradas pelo medo do crime. Esse medo permanente mantém as pessoas em casa, encerra mais cedo o expediente de lojas, bares e restaurantes, impede o funcionamento de escolas e afasta empreendedores e investidores. **O CUSTO DO CRIME PARA A SOCIEDADE PODE APENAS SER ESTIMADO. MAS ELE É REAL E REPRESENTA UM ENORME FARDO PARA TODOS NÓS.**

Em 1992, um levantamento do custo das horas de trabalho perdidas devido a ferimentos ou traumas produzidos pelo crime em vítimas dos EUA resultou em uma estimativa de 1,4 bilhão de dólares anuais.[60]

Um estudo realizado em 1996[61] pelo economista Steve Levitt, autor do livro Freakonomics, concluiu que cada criminoso preso resulta em uma redução de quinze crimes patrimoniais (por exemplo: furto, roubo, extorsão, receptação) por ano.

Existe outro fator extremamente relevante para explicar o papel das prisões na preservação da segurança pública. Como qualquer policial com alguns anos de experiência pode atestar, **A MAIOR PARTE DOS CRIMES É COMETIDA POR UMA PARCELA RELATIVAMENTE PEQUENA DOS CRIMINOSOS**. Um famoso estudo científico, "Revisitando os Lobos Vorazes: Uma Revisão Sistemática da Concentração de Crime", realizado por pesquisadores da Escola de Justiça Criminal

da Universidade de Cincinnati, concluiu que ==OS 10% DOS CRIMINOSOS MAIS ATIVOS NO CONJUNTO DA POPULAÇÃO SÃO AUTORES DE 66% DOS CRIMES==.[62]
Diz o trabalho:

> Numerosos estudos determinaram que o crime está altamente concentrado entre um pequeno grupo de criminosos. Essas descobertas orientaram o desenvolvimento de várias estratégias de prevenção ao crime. O tema comum a essas estratégias é que, ao nos concentrarmos nos poucos infratores responsáveis pela maior parte do crime, podemos prevenir a maior quantidade de crimes com o mínimo de recursos [...]
> Descobrimos que o crime está altamente concentrado na população e em diferentes tipos de criminosos. Existe pouca variação na concentração entre jovens e adultos ou entre infratores americanos e os de outros países [...]
> Os 10% das pessoas mais ativas criminalmente respondem por cerca de 66% dos crimes [...]

Colocar esses criminosos na prisão significa reduzir significativamente o número de crimes cometidos e aumentar de forma dramática a sensação de segurança da população. Prestem atenção na consequência dessa descoberta: ==NÃO É NECESSÁRIO PRENDER MILHÕES DE PESSOAS PARA ACABAR COM A CRISE DE CRIMINALIDADE DO PAÍS.==

Uma parcela desproporcional dos crimes é cometida por esse pequeno grupo de criminosos, já conhecidos da polícia e que, por causa da leniência da nossa lei, vive entrando e saindo da cadeia.

Esses indivíduos já fizeram sua opção pelo crime. Eles não são pobres coitados ou revolucionários tentando implantar um sistema social mais justo. Eles são criminosos por vontade própria, por vocação, ambição desmedida ou deformação do caráter.

Alguns são pobres, outros são ricos; alguns são negros, outros são brancos ou asiáticos. Há homens e mulheres, senhores de idade e garotos de 16 anos. Todos sabem o que estão fazendo e aproveitarão qualquer oportunidade para atacar a sociedade, cada um com sua forma peculiar: colocando uma pistola na cabeça de um motorista, dando uma gravata em uma senhora de idade, subornando para ganhar uma licitação ou violentando e matando crianças.

Um policial civil do Rio me contou de um criminoso que ele prendeu em flagrante por furto. O bandido já tinha sido preso 28 vezes. A última vez havia sido no dia anterior; *ele foi solto menos de 24 horas antes de ser preso novamente.*

É importante lembrar que um criminoso é preso em apenas um pequeno percentual das vezes em que comete crimes. As estatísticas disponíveis para homicídios e assaltos são claras: na maior parte das vezes que um criminoso brasileiro comete um crime ele consegue escapar impune. Estudos realizados nos Estados Unidos mostram que aproximadamente metade dos crimes violentos (exceto homicídios) nunca chega ao conhecimento da polícia.[63] Um estudo brasileiro inédito, citado por Bruno Carpes, estima que 62,55% dos roubos, furtos e agressões nunca chegam ao conhecimento da polícia.[64] Isso quer dizer que um sujeito que já foi preso 28 vezes provavelmente já cometeu *centenas* de crimes.

Não existe medida mais eficiente para trazer tranquilidade à sociedade do que prender, e manter presos, esses indivíduos cujo único interesse e ocupação é o crime, e — por inúmeras razões diferentes (que não são relevantes para esta discussão) — não há nenhuma barreira moral que os impeça de usarem a fraude e a violência para conseguir o que querem.

Se o criminoso por vocação estiver atuando como traficante e você legalizar as drogas, ele vai vender drogas no mercado negro, sequestrar pessoas ou roubar bancos.

Se ele for estuprador, e você tentar recuperá-lo, inscrevendo-o em um curso de contabilidade, tudo o que você vai produzir é um estuprador que sabe contabilidade.

É essencial prestar atenção ao que diz Stanton Samenow: **"CRIMINOSOS NÃO AGEM ASSIM PORQUE SÃO POBRES OU PORQUE NÃO TIVERAM OPORTUNIDADE, MAS PORQUE ACREDITAM QUE SÃO ESPECIAIS E QUE PODEM IGNORAR AS REGRAS QUE SE APLICAM AOS OUTROS".**

Quanto mais criminosos são presos, mais seguras ficam as ruas. É fato. Basta examinar o gráfico Figura 1 — Taxa de Homicídios x Encarceramento nos EUA para ver como o número de homicídios caiu nos EUA à medida que o país aumentou o número de criminosos presos.

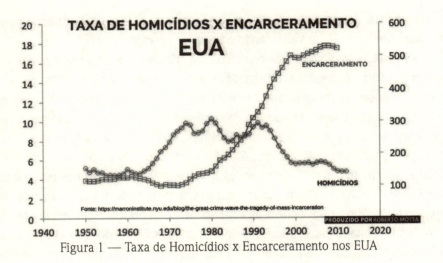
Figura 1 — Taxa de Homicídios x Encarceramento nos EUA

Barry Latzer conta:[65]

> [...] o crime violento gerou intensa pressão do público para revitalizar o sistema de Justiça Criminal [dos Estados Unidos]. O sistema tinha se tornado leniente na década de 1960, capturando menos criminosos e dando punições cada vez mais suaves aos criminosos que eram capturados. A partir de 1970 mais criminosos foram presos, sentenças se tornaram mais severas, as políticas de livramento condicional foram endurecidas e a pena de morte foi reinstituída.

Cometer um crime nos EUA passou a significar enfrentar o rigor de uma lei cujo objetivo principal é proteger os cidadãos de bem. Latzer continua:[66]

> Ao mesmo tempo em que o policiamento estava mudando, a atitude de "enfrentamento do crime" dos anos 1980 e início dos anos 1990 afetou a legislação penal [...] Os governos estadual e federal tornaram-se mais punitivistas, estabelecendo sentenças mínimas obrigatórias para determinados crimes; determinando sentenças mais longas, especialmente para reincidentes; e abolindo a liberdade condicional para evitar a soltura antecipada de presos. Essas leis destinavam-se especificamente aos condenados por crimes

relacionados a drogas, a criminosos que usavam armas e criminosos violentos em geral.

A Lei de Controle do Crime Violento, de 1994 (a mesma lei que autorizou a contratação de 100 mil novos policiais), disponibilizou recursos federais para estimular as chamadas leis de "sentenças verdadeiras", para encorajar os estados a obrigar o condenado por um crime violento a cumprir pelo menos 85% de sua pena. Em 1998, 27 estados e o Distrito da Colúmbia haviam se qualificado para receber esses recursos, e outros estados adotaram leis similares que estabeleciam o tempo mínimo de cumprimento de pena em níveis iguais ou superiores a 50% da sentença.

A Califórnia aprovou uma legislação específica para lidar com criminosos reincidentes, a chamada "lei dos três crimes" (*Three Strikes Law*). Se um réu condenado por um crime — que não precisa ser violento — tivesse uma ou mais condenações criminais anteriores enquadradas na definição legal de crimes "graves" ou "violentos", ele teria que receber uma sentença muito mais dura do que a normalmente imposta. O aumento da sentença dependia do número de condenações anteriores por crimes graves ou violentos. Se o criminoso já tivesse cometido um crime desse tipo, sua sentença, para o novo crime, precisava ser dobrada; com dois antecedentes criminais graves ou violentos, sua sentença deveria ser prisão perpétua.

"Quase todas as análises", diz Barry Latzer, "concordam que sentenças mais duras tiveram um impacto positivo, provavelmente considerável" na queda do crime nos EUA:[67]

> Afinal, apenas do ponto de vista da incapacitação (a prevenção de novos crimes através da remoção dos potenciais criminosos para longe da sociedade), haveria um benefício em prender tantas pessoas que já haviam cometido múltiplos crimes e que seriam propensas a cometer mais crimes se estivessem soltas.

Uma pesquisa em dados gerados durante três décadas de prisões de criminosos nos EUA concluiu que havia "fortes evidências de uma relação inversa entre a população carcerária e os índices criminais". "Em outras palavras", concluíram os autores do estudo:

"QUANTO MAIS CRIMINOSOS PRESOS, MENOS CRIMES ACONTECEM."[68]

Certo deputado do Rio de Janeiro passa boa parte do seu tempo denunciando a "barbárie" do sistema prisional e defendendo penas "alternativas" e "desencarceramento".[69] O deputado, os "especialistas" e a mídia dizem que o Brasil prende demais. Os dados mostram o contrário.

O Brasil tem aproximadamente 760 mil criminosos condenados à prisão,[70] o que formaria a quarta maior *população carcerária* do mundo, atrás da China, Estados Unidos e Rússia. Isso nada teria de anormal, pois temos a quinta maior população do mundo. O número de presos é proporcional à nossa população. Mas é preciso explicar que nesse número estão incluídos condenados que cumprem pena em regime semiaberto, em regime aberto, em liberdade condicional e em sursis — ou seja, pessoas que não estão presas em nenhum sentido da palavra. Os condenados que estão realmente presos em regime fechado são em número bem menor: 558 mil.

No ranking do International Center for Prison Studies, que mede a proporção da população que está presa em um país,[71] os Estados Unidos ocupam a primeira posição, com 639 presos para cada 100 mil habitantes. Cuba está em sexto lugar, com 510 para cada 100 mil habitantes. Depois vêm vários países do Caribe, o Irã e a África do Sul. E só então o Brasil, na 19ª posição da lista, com 357 presos por 100 mil habitantes. Portanto, *no mundo, dezoito países prendem mais que o Brasil — inclusive Cuba.*

Se dividirmos 760 mil condenados por 205 milhões de habitantes, veremos que apenas 0,38% da população sofreu alguma medida restritiva de liberdade. Parece pouco, e é mesmo: **EXISTEM HOJE NO BRASIL MAIS DE 500 MIL MANDADOS DE PRISÃO A SER CUMPRIDOS.**[72] **SÃO 500 MIL PESSOAS QUE JÁ FORAM CONDENADAS PELA JUSTIÇA E QUE AINDA NÃO FORAM PRESAS PELA POLÍCIA.**

Como mais de 92% dos milhares de homicídios e 98% dos milhões de assaltos anuais não são elucidados,[73] uma multidão de criminosos segue livre pelas ruas. Ano após ano.

Como é possível dizer que um país assim prende muito?

Precisamos multiplicar as vagas em nossas prisões. Precisamos enchê-las com todos os homicidas, sequestradores, estupradores e corruptos que andam pelas ruas.

Os ativistas do desencarceramento dizem que o Brasil tem muitos presos provisórios, sem condenação.

É mentira.

O índice de presos sem condenação no Brasil é de 33,29%, um número *menor* que o da Suíça, Canadá, Bélgica e Dinamarca.[74]

O Brasil é o 89º país no mundo em presos provisórios.

Ainda falta desmitificar o último argumento do *abolicionismo penal*: aquela história de que "as cadeias estão abarrotadas de pessoas que cometeram crimes leves, sem violência, como o consumo ou simples comércio de drogas". Para lidar com esse argumento, veremos o que Marcelo Rocha Monteiro, professor de Direito Penal da Uerj e procurador de justiça do Estado do Rio de Janeiro, com mais de 30 anos de experiência no combate ao crime, tem a dizer:

> Entre os *crimes leves, cometidos sem violência*, o responsável pelo maior número de processos é o furto (artigo 155 do Código Penal). Temos dois tipos mais comuns de furto. O primeiro é o *furto simples*,* cuja pena é de 1 a 4 anos de reclusão. Se o réu é primário (e todo mundo é primário até ser preso pela primeira vez), ele terá direito a um benefício chamado SUSPENSÃO CONDICIONAL DO PROCESSO. Observem que não é suspensão DA PENA, mas DO PROCESSO. O indivíduo nem sequer irá a julgamento, portanto, não haverá condenação (muito menos cumprimento de pena de prisão).
>
> O segundo tipo de furto é o *furto qualificado*,** cuja pena vai de 2 a 4 anos. A lei permite ao condenado a pena IGUAL OU INFERIOR a 4 ANOS cumpri-la DESDE O INÍCIO em regime ABERTO. O criminoso condenado por esse crime irá para a prisão-albergue ou, quando não houver vagas (nunca há vagas), irá para a "prisão albergue domiciliar", maneira elegante de dizer que o condenado vai para casa.

---

* O furto simples é a subtração de coisa alheia móvel para si ou para outra pessoa.

** O furto qualificado é subtração de coisa alheia móvel para si ou para outra pessoa, com destruição de um obstáculo, abuso de confiança, uso de fraude, chave falsa ou com a ajuda de duas ou mais pessoas.

Trocando em miúdos: **A MAIORIA DOS CONDENADOS POR *CRIMES LEVES*, *SEM VIOLÊNCIA*, NUNCA COLOCA OS PÉS EM UMA PENITENCIÁRIA**. Mas e as pessoas presas por *consumo ou simples comércio de drogas*? Marcelo Monteiro responde:

> A lei, desde 2006,* nem sequer prevê pena de prisão para a posse de entorpecentes para uso próprio. As penas são de advertência, prestação de serviços à comunidade e comparecimento a curso ou programa educativo. Quanto ao "simples comércio de drogas", trata-se de TRÁFICO DE ENTORPECENTES, cujas consequências na esfera da segurança pública nada têm de simples.

Portanto, afirmar que as cadeias estão *abarrotadas* de presos condenados por crimes leves como furto, lesão corporal leve ou uso de entorpecentes revela absoluto desconhecimento da realidade de nosso sistema penitenciário, ou é apenas uma manifestação disfarçada do abolicionismo penal a gosto dos juristas *progressistas*, sempre prontos a enxergar os delinquentes como pobres vítimas da sociedade capitalista opressora.

Policiais e operadores da segurança pública geralmente dividem os criminosos em três grupos. O primeiro é de criminosos que são irrecuperáveis devido a graves deformidades morais, sociopatia ou psicopatia. Para esses, a única alternativa é a prisão. Assim que forem colocados em liberdade, voltarão a cometer novos crimes.

É preciso entender que os criminosos desse grupo são verdadeiros *inimigos da sociedade*. São bandidos violentos, perversos e habituais, que nunca tiveram nenhum interesse ou ocupação senão o crime: são os *serial killers,* os membros de facções, os assassinos do narcotráfico, que torturam e matam com crueldade, e os criminosos sexuais habituais que aproveitam toda e qualquer oportunidade para atacar crianças e mulheres.

---

* A Lei 11.343, de 2006, prevê apenas advertência, prestação de serviços comunitários, cursos ou multa.

Esses inimigos desrespeitam as regras e violam os valores mais sagrados da sociedade como resultado de uma personalidade deturpada que os leva a agredir, matar ou violar por prazer ou em busca de notoriedade. Eles não dão importância alguma às consequências de seus crimes.

Não existe hoje, no sistema de Justiça Criminal do Brasil, nenhum dispositivo ou instituição que consiga parar esses criminosos. A maioria deles terá, sempre, uma chance de voltar às ruas — e voltar a cometer crimes.

O máximo a ser feito, hoje, é manter esses criminosos presos por 40 anos (até há pouco tempo, o máximo eram 30 anos; quando o pacote "anticrime" de 2019 aumentou o limite para 40 anos, houve muitos protestos de advogados criminalistas). Mas, como já vimos, a maioria dos criminosos fica presa apenas uma pequena fração desse tempo.

Basta lembrar o caso do maníaco — ou *serial killer* — do Distrito Federal, que, em junho de 2021, mobilizou mais de 500 policiais para prendê-lo em uma caçada pelo interior de Goiás, depois de cometer uma série de crimes brutais, que incluiu o estupro de uma mãe na frente do marido e dos filhos. Logo o grande público descobriu — para choque de todos — que o "maníaco" já estivera preso pelos crimes de estupro e roubo (assalto), fora condenado a mais de 12 anos de prisão e, mesmo com um laudo que indicava "traços de agressividade, instabilidade emocional, ausências de mecanismos de controle e de preocupações sexuais", havia "progredido" para o regime semiaberto apenas 3 anos após a prisão.

O segundo grupo é formado por criminosos que são recuperáveis, *mas que não querem se recuperar*, porque consideram o crime uma atividade lucrativa que satisfaz as suas necessidades de uma forma melhor do que qualquer outra. Eles já concluíram que, no Brasil, o benefício que o crime lhes traz é alto e os riscos são baixos. Na pior hipótese, serão presos — o que só acontece, é sempre bom lembrar, com menos de 8% dos homicidas e menos de 2% dos assaltantes — e ficarão pouco tempo em uma cela. A atividade criminosa lhes permite, em muitos casos, ganhar em um dia uma quantia que, em um trabalho honesto, levariam um mês ou mais para receber.

O terceiro grupo é o dos criminosos recuperáveis e que querem se recuperar. Esse é o único grupo que pode ser ajudado pelo Estado ou por entidades beneficentes.

A CONSTRUÇÃO DA MALDADE

A mídia publica com frequência matérias denunciando as terríveis condições do sistema penitenciário brasileiro. Essas matérias sempre mostram as celas superlotadas, a comida ruim e a falta de "atividades ressocializadoras" das prisões. Mas você não vai encontrar nessas matérias nenhuma informação sobre as vítimas dos crimes. Nenhum repórter parece se interessar em falar sobre a dor, a miséria e o sofrimento causado pelos criminosos que ocupam aquelas celas: as vítimas baleadas na cabeça ou queimadas em *fornos de micro-ondas* nas favelas, as crianças retiradas para sempre da companhia dos seus pais, as famílias destroçadas pela perda de um ente querido e condenadas a uma sentença perpétua de medo e pobreza.

A natureza humana produz um fenômeno curioso, uma armadilha na qual eu mesmo caí na primeira vez que visitei um presídio. Acontece com todo mundo.

É o seguinte: ao entrar em um presídio, ou ver filmes ou fotos de uma prisão, o primeiro sentimento — natural, humano e involuntário — é de compaixão com os presos. Ninguém jamais desejaria estar naquela situação. A tendência da maioria das pessoas é de se colocar no lugar daqueles homens, que perderam sua liberdade e agora passam seus dias naquele lugar sombrio, trancados em celas como se fossem animais.

Sentimos indignação e revolta.

Nossa reação natural é de solidariedade com os homens *encarcerados*.

Essa é a reação natural — e também é errada.

Por quê? Por um motivo simples, mas que me custou muita reflexão até que fosse possível articulá-lo: **QUANDO VOCÊ OLHA UM PRESÍDIO, UMA PARTE DA HISTÓRIA ESTÁ FALTANDO. ESSA PARTE SÃO AS VÍTIMAS**.

Tomei consciência disso em uma visita que fiz a um presídio no sul do Brasil. Naquela cadeia — Indaial, sobre a qual ainda há muito o que falar —, eu observei a presença de uma grande quantidade de presos de cabelo branco. Alguns tinham aparência distinta, seriam facilmente confundidos com um gerente de banco ou um professor universitário.

Perguntei ao diretor da prisão sobre o que os teria levado àquele lugar.

"Abuso sexual de menores" foi a resposta, que veio como um soco no meu estômago.

Ficou claro para mim: quem olha os criminosos presos não consegue ver os crimes que eles cometeram.

Quem olha os presos não consegue ver as vítimas.

Por isso é tão fácil fazer proselitismo mostrando imagens de celas lotadas de criminosos.

Por isso eu sugiro: toda prisão deveria ter, na entrada, uma galeria com fotos dos criminosos presos, a descrição dos crimes que eles cometeram e fotos de suas vítimas.

Agora, imagine que um ativista pró-desencarceramento acabou de lhe mostrar uma daquelas fotografias clássicas, com presos amontoados em uma cela, ou dezenas de mãos saindo das grades de uma prisão, como se pedissem socorro.

O ativista quer sua compaixão. Ele conhece o poder dessas fotos. Ele sabe que você se comoverá. Ele quer convencê-lo a se posicionar contra a prisão de criminosos "enquanto o Brasil não tiver cadeias decentes para seres humanos". Ele já leva, embaixo do braço, um abaixo-assinado, um manifesto de ONGs ou um pedido de medida liminar de soltura de presos para o qual ele quer seu apoio.

Ele olha para você, aponta as fotos e diz: — como um amigo próximo e querido já me disse um dia — "isso não é lugar de gente".

Mas desta vez — nessa situação imaginária — acontece algo inusitado. *Você reconhece um dos criminosos na foto dos presos amontoados na cela.* Pense no que você diria ao ativista ao perceber que um dos criminosos para os quais ele pede piedade, ajuda e liberdade foi responsável pelo crime descrito nessa matéria do G1 de 28 de junho de 2013:

> **Mãe diz que menino de 5 anos pediu a assaltantes para "não morrer"**
> Pais disseram ao G1 que criminosos atiraram porque criança chorava. Ladrões queriam mais dinheiro e ameaçaram garoto várias vezes em SP.
>
> A mãe do menino de 5 anos que foi assassinado com um tiro na cabeça durante um assalto, na madrugada desta sexta-feira (28), na região de São Mateus, Zona Leste de São Paulo, afirmou que o filho pediu aos criminosos para "não morrer". Durante a ação, os assaltantes ameaçavam o menino com uma faca no pescoço e atiraram, segundo os pais, porque a criança chorava e a família não tinha mais dinheiro.
>
> "Não me mate, não mate minha mãe" foram as últimas palavras da criança antes de ser baleada, relatou nesta manhã ao G1 a mãe,

a costureira boliviana Veronica Capcha Mamani, de 24 anos. Brayan Yanarico Capcha era filho único dela e do marido, Edberto Yanarico Quiuchaca, 28. A criança chegou a ser socorrida e levada ao Hospital Geral de São Mateus, mas chegou morta ao local.

[...] A costureira disse ainda que segurou o menino no colo durante o assalto, se ajoelhou e implorou que os criminosos não matassem a criança. Porém, assustado com a situação, o garoto chorava muito, o que irritou os bandidos. Ela relatou que o criminoso gritava para o menino "parar de chorar" e não chamar a atenção dos vizinhos. Irritado com o choro da criança, um dos criminosos atirou na cabeça do menino, que completaria 6 anos no próximo dia 6 de julho.

O que você diria ao ativista?

Certa vez, em um debate no campus da Universidade Federal do Rio de Janeiro (UFRJ), na Praia Vermelha, ouvi o representante de um certo *Partido Pirata* dizer que sua posição em relação ao sistema penitenciário era *abolicionista*. Quem falava era um jovem que dificilmente teria mais de 20 anos. Ter uma posição "abolicionista" (mais um exemplo do sequestro de palavras nobres pela ideologia de extrema esquerda) sobre o sistema penitenciário significa professar a crença do fim da prisão para criminosos.

Não tive a oportunidade — e, sinceramente, nem a vontade — de perguntar ao jovem *abolicionista* o que ele sugeria que a sociedade fizesse com criminosos violentos e perigosos. Eu me limitei a dizer que uma declaração daquelas era um insulto imperdoável à memória de Alex Schomaker Bastos, aluno da própria UFRJ, assassinado em 9 de janeiro de 2015 com vários tiros, em um ponto de ônibus localizado a menos de 200 metros da sala onde estávamos, ao tentar impedir que assaltantes levassem sua mochila.[75]

Não vi empatia alguma nos olhos do pirata abolicionista.

As condições dos presídios são ruins na maior parte dos países, inclusive nos desenvolvidos. As únicas exceções talvez sejam alguns países nórdicos, que são exceções em quase tudo. Ir para a prisão não é a mesma coisa que ir para a escola ou para uma colônia de férias bancada pelos contribuintes.

Prisão é uma coisa ruim.
CADEIA NÃO É ASSISTÊNCIA TÉCNICA DE PESSOAS. CADEIA É PUNIÇÃO.
Mas o pior cárcere é o cárcere mental — e uma forma especialmente odiosa é aquele criado por ideologias, que impedem que temas essenciais para o bem-estar, o progresso e a segurança do país sejam tratados de forma adequada. O debate sobre prisões foi há muito tempo sequestrado pela extrema esquerda. O próprio termo escolhido — "encarceramento" — já traz em si um juízo de valor evidente ao enfatizar a perda de liberdade do criminoso condenado e desprezar a segurança proporcionada à sociedade pela neutralização de uma grave ameaça ao seu bem-estar.

Uma discussão verdadeira e honesta sobre prisões e presídios não pode deixar de fora a vítima, nem pode acontecer sem que se considere o contexto da criminalidade brasileira, como sempre lembram juristas e pesquisadores como Adriano Alves Marreiro, Marcelo Rocha Monteiro, Diego Pessi, Leonardo Giardin, Bruno Carpes, Fabio Costa Pereira e Pery Shikida.

Quando discutimos prisões, não estamos falando de prisões na Finlândia ou no Canadá. Estamos falando das prisões do Brasil, país que há décadas vive mergulhado em uma crise de segurança pública sem precedentes. Trata-se do país onde, entre os anos 1996 e 2016, mais de *1 milhão* de pessoas foram assassinadas,[76] e outro número similar de pessoas simplesmente *desapareceu*.

Estamos falando do país onde áreas inteiras, nas maiores regiões metropolitanas, estão sob o controle de *estados paralelos*, que não se submetem à soberania do Estado brasileiro, e cuja independência é garantida por exércitos com armamentos de guerra, com um efetivo que, ao que tudo indica, já supera o das polícias e das Forças Armadas em alguns locais.

A falácia da afirmação de que o Brasil "prende demais" é facilmente demolida — como demonstrado anteriormente — com a apresentação das estatísticas mais básicas sobre a criminalidade brasileira, como sempre argumenta o maior especialista no sistema prisional brasileiro, o promotor de justiça do Rio Grande do Sul, Bruno Carpes.[77] **É ÓBVIO QUE UM PAÍS ONDE 92% DOS HOMICIDAS E 98% DOS ASSALTANTES NEM SÃO IDENTIFICADOS NÃO PRENDE DEMAIS**.

A falácia se confirma também com um exame da legislação penal. No seu trabalho acadêmico de conclusão do curso de Direito, "O Caráter Polifuncional da Pena e os Institutos Despenalizadores: Em Busca da Política Criminal do Legislador

Brasileiro", Jônatas Kosmann pesquisou as penas previstas pelo Código Penal em 1.050 tipos de crime. Eis o que ele encontrou: 50,67% das penas no Brasil comportam transação penal (um acordo firmado entre o réu e o Ministério Público, no qual o acusado aceita cumprir pena antecipada de multa ou restrição de direitos e o processo é arquivado); 24,10% comportam suspensão condicional do processo (anulação do processo criminal); outras 3,42% admitem a substituição por penas privativas de direito e apenas 2,67% (28 tipos penais) impõem ao juiz que efetivamente ordene a prisão do réu (é o chamado regime de prisão *inicialmente* fechado — e esse "inicialmente" diz tudo).

Somando os 50,67% de penas que admitem "transação penal" com as 24,10% em que pode haver suspensão condicional do processo, chega-se a assustadores 75% das penas *nas quais não há sequer condenação.*

Para meu espanto, descobri que existe no Brasil um *ecossistema*, formado por indivíduos e organizações, voltado para a defesa e a proteção institucional de criminosos. Uma das atividades principais desse grupo é a de promover a pauta do *desencarceramento* dia e noite. Meu choque foi ainda maior quando soube que as entidades que defendem os direitos dos criminosos presos e dizem lutar pelo bem-estar deles são as mesmas que usam todos os recursos para impedir a ampliação e a melhoria do sistema prisional. O exemplo mais gritante é o da Pastoral Carcerária. Basta uma visita ao site da entidade[78] para descobrir que o *primeiro* item de sua agenda é a "suspensão de qualquer investimento em construção de novas unidades prisionais".

A falta de investimento na ampliação do sistema prisional é uma das causas do seu estado precário e da superlotação. Por que, então, uma entidade que diz defender o bem-estar e os direitos dos criminosos se posiciona *contra* a criação de novas vagas? Será que esses ativistas imaginam que, uma vez criadas novas vagas, elas serão preenchidas com pessoas inocentes? Ou será que essa posição tem uma explicação bem mais simples: a mesma cegueira ideológica que afeta a mídia e quase todas as entidades do sistema de Justiça Criminal?

Diz Bruno Carpes:[79]

> O sistema prisional brasileiro há várias décadas tem provocado inúmeros debates em função de sua insalubridade, pelo menos em

grande parte de seus estabelecimentos. Contudo, em vez de incitar o incremento de investimentos no sistema, bem como ensejar melhor gestão (inclusive com o fomento e a conscientização dos conselhos necessários), as péssimas condições carcerárias têm servido de bode expiatório para uma bem articulada campanha de desencarceramento, turbinada por vultosos aportes financeiros especialmente oriundos de organizações internacionais com interesses estranhos aos nacionais, que irrigam associações não governamentais travestidas de movimentos da propalada "sociedade civil organizada".

Como diz Bruno, **A SUPERLOTAÇÃO DOS PRESÍDIOS BRASILEIROS É RESULTADO DO ALTO ÍNDICE DE CRIMINALIDADE NO BRASIL**, que está fora de qualquer parâmetro conhecido em democracias ocidentais, **E DO DESINTERESSE — IDEOLOGICAMENTE MOTIVADO — DO ESTADO NA "CONSTRUÇÃO, REFORMA E CONSEQUENTE RETOMADA DO COMANDO DOS ESTABELECIMENTOS PRISIONAIS"**.[80]

De acordo com o Infopen 2017, o Brasil tem um déficit de 303 mil vagas nos presídios. Fazendo uso das estimativas feitas pelo Anuário sobre Mercados Ilícitos Transnacionais produzido pela Fiesp em 2017[81], é possível estimar que bastariam 21 bilhões de reais para acabar com o déficit de vagas do sistema penitenciário no país inteiro.

Gastamos mais de 60 bilhões de reais com a Copa do Mundo de 2014 e as Olimpíadas de 2016.[82]

A CRISE DOS PRESÍDIOS É FRUTO DE UMA DECISÃO POLÍTICA, TOMADA COM BASE EM IDEOLOGIA.

Perceba outro aspecto dessa história: não deve existir um único criminoso no Brasil que desconheça o estado das cadeias brasileiras — "o inferno na Terra", como são frequentemente descritas pelos ativistas.

O efeito dissuasivo provocado no criminoso pelo receio de ser colocado em uma prisão ruim já foi documentado em pesquisas científicas.[83] É *óbvio* que o criminoso — que responde a punições e incentivos — tem muito mais receio de ser colocado em uma cadeia superlotada, em péssimas condições, do que em uma cadeia em bom estado.

Mas nem com as péssimas condições das cadeias o criminoso brasileiro desiste de cometer crimes.

Então, é importante ter a coragem moral de perguntar: se mesmo com as péssimas cadeias os criminosos brasileiros continuam cometendo crimes brutais, em número cada vez maior, *imagine o que aconteceria se as cadeias brasileiras fossem maravilhosas?*

Esse argumento não deve ser usado para defender cadeias ruins, é claro. Mas é sempre importante lembrar que os principais objetivos das prisões são deter, dissuadir e punir o criminoso, e não garantir que ele esteja confortável e satisfeito.

O estado precário das cadeias brasileiras está longe de ser o principal problema do sistema de Justiça Criminal do Brasil. Esse lugar deveria ser ocupado pelo debate sobre a impunidade em massa, a quebra do ciclo completo de polícia ou a redução da maioridade penal. Esses são problemas muito mais críticos e urgentes.

Se vamos falar de cadeias, vamos lembrar o inaceitável fato de que a maioria dos presídios do país é controlada por facções criminosas, e que essa situação é, hoje, aceita como normal pelo Estado. O pioneirismo nessa prática bizarra coube, mais uma vez, ao Rio de Janeiro, onde uma socióloga,[84] então nomeada gestora do sistema prisional estadual, resolveu separar os presos por facções, dando a essas "organizações" não só o reconhecimento oficial pelo Estado como, efetivamente, entregando a elas o controle dos estabelecimentos prisionais, sob a alegação de que essa prática "facilita a gestão" das cadeias.[85]

É preciso entender qual é a realidade do sistema prisional brasileiro. Bruno Carpes conta:

> Trabalhando como promotor de justiça no Estado do Rio Grande do Sul, acostumei-me a ouvir que o Presídio Central (hoje Cadeia Pública) de Porto Alegre seria um dos piores, em termos de condições de salubridade e de superlotação de celas, da América Latina. Desde 1995, quando uma grande rebelião tomou conta das galerias daquele estabelecimento prisional, a Brigada Militar do Rio Grande do Sul encontra-se "temporariamente" em sua administração.
>
> O que não é dito à sociedade diz respeito ao acordo tácito (que se tornou paulatinamente expresso) vigorante na Cadeia Pública de Porto Alegre — como na grande maioria dos estabelecimentos

prisionais brasileiros. *Em tal acordo, a fim de evitar novas rebeliões, motins, mortes e, consequentemente, crise política ao Executivo estadual, entregaram-se completamente as galerias do estabelecimento prisional a cada facção (ou organização) criminosa, com as celas completamente abertas, sem grades, possibilitando o livre trânsito dos detentos.*

Por conseguinte, as galerias se tornaram também territórios das já territorialistas facções criminosas, permitindo-lhes a concessão de benesses aos seus consorciados de modo a tornar sua breve passagem pelo cárcere menos penosa possível. Assim, bares e cantinas são estabelecidos ao fundo da galeria. Cabeamento para televisão por assinatura também é permitido. Mais recentemente, a revista íntima em visitantes foi extinta, atendendo a reivindicações de grupos de defesa de Direitos Humanos, que reputavam tal prática como violadora da dignidade humana. Ante a aparente falta de interesse na compra ou aluguel de scanners corporais, afrouxou-se o controle do ingresso de drogas, dinheiro, bebidas e toda sorte de itens cuja circulação é vedada no estabelecimento prisional.

==ESTA É A SITUAÇÃO DOS PRESÍDIOS: INCUBADORAS DO CRIME, ESTABELECIDAS E GERENCIADAS PELOS PRÓPRIOS CRIMINOSOS PRESOS.== É isso que deveria ser motivo de escândalo e mobilização de toda a sociedade.

Se o bem-estar dos criminosos presos ocupa, hoje, o centro do debate sobre segurança, é porque esse assunto foi colocado lá por um mecanismo movido a ideologia e muito, muito dinheiro — e porque ele serve como cavalo de Troia para a agenda do *desencarceramento*, a tentativa cínica e despudorada da extrema esquerda de dar um golpe fatal na Justiça Criminal, eliminando qualquer punição aos criminosos.

É inacreditável, mas essa é a realidade diante dos nossos olhos.

O professor Pery Shikida — graduado em economia pela UFMG, mestre e doutor em Economia Aplicada pela Esalq/USP, com pós-doutorado em Economia pela FGV/SP — pesquisa a economia do crime há mais de 20 anos. Um de seus estudos científicos mais impressionantes foi realizado com presos do Paraná que haviam cometido crimes econômicos — roubo, sequestro, estelionato.[86] Sua conclusão é clara: antes de cometer o crime, o criminoso avalia os custos e benefícios do seu ato. Ele se pergunta: qual a chance de me prenderem? E o que acontece se eu for preso?

A pesquisa do professor Pery revelou que 65% dos criminosos entrevistados eram reincidentes e que entre as principais motivações do crime estavam influência de amigos, cobiça e vício. Ninguém roubou para comer.

Mas o achado mais impressionante da pesquisa foi que *50% dos entrevistados possuíam imóveis em seu nome no momento do* crime, jogando por terra a narrativa do criminoso pobrezinho, "vítima da sociedade".

Quais foram as recomendações dos próprios criminosos para reduzir o crime?

> Mais educação profissionalizante; mais empregos com maior remuneração; *mudança na legislação — penas mais severas —; políticas eficazes no combate ao tráfico de drogas — acabar com o comércio de drogas —; assistência ao egresso — acabar com os preconceitos e a discriminação do ex-presidiário* [...]

Entre os presos entrevistados pela pesquisa, 33,97% foram favoráveis à implantação da pena de morte para crimes hediondos.

Para que seja possível a reabilitação de um criminoso é preciso, primeiro, que ele — o criminoso — queira se reabilitar. A reabilitação — o retorno do criminoso a uma vida decente — não depende do Estado, nem é um benefício dado por uma ONG ou um parlamentar da esquerda radical. A reabilitação é um processo altamente individual, que se origina na decisão pessoal do criminoso de não mais cometer crimes. Um processo de reabilitação só tem sentido quando começa com o arrependimento verdadeiro e passa pelo cumprimento de uma pena estabelecida pela lei.

Mas Stanton Samenow questiona até o termo reabilitação. Samenow considera o termo inadequado, pois ele descreve o retorno (re-habilitar, habilitar de novo) a um estado anterior positivo. A vasta maioria dos criminosos não tem um estado anterior positivo ao qual retornar. São pessoas que, desde crianças, por vários motivos, rejeitaram os princípios que guiam uma vida responsável em sociedade. **O DESAFIO, ENTÃO, SE TRANSFORMA EM *HABILITAR*, EM TRANSFORMAR UM**

CRIMINOSO EM UM SER HUMANO RESPONSÁVEL *QUE ELE NUNCA FOI ANTES*. Isso requer "uma mudança profunda na sua forma de pensar".[87] Segundo Samenow, a falta de compreensão do tamanho desse problema é uma das causas do fracasso da maioria dos programas de reabilitação de criminosos. Como diz Samenow:

> Acredita-se que programas que ajudam pessoas normais com outros tipos de problemas também vão funcionar com criminosos. Incontáveis milhões de dólares são despejados em uma quantidade sem fim de programas educacionais, vocacionais, de desenvolvimento de relações interpessoais e de arte, a maioria dos quais não teve sua eficácia testada empiricamente. Ou seja, não temos prova alguma que atividades "reabilitadoras", atualmente na moda, como ioga, jardinagem, gestão financeira, manutenção de um diário, produção teatral e composição de poemas, oferecem qualquer esperança de mudar a forma de pensamento do criminoso.

O que Samenow diz explica a inacreditável informação contida na matéria do jornal *O Dia*, de 18 de junho de 2021, que resume a insanidade que tomou conta da Justiça Criminal brasileira:[88]

> Lázaro Barbosa de Souza, alvo do cerco que mobiliza mais de 500 policiais para prendê-lo na região de Goiás há dez dias, participou de *cursos de ressocialização* enquanto esteve preso no Complexo Penitenciário da Papuda, em Brasília, em 2009.
> Como parte da mudança do regime fechado para o semiaberto, *Lázaro fez cursos de empatia, sexualidade e para se colocar no lugar das vítimas*, e, segundo avaliação, sua participação foi satisfatória, inclusive recebendo atestado por "bom comportamento".

Um exemplo terrível do que acontece quando a ideologia elimina o bom senso da Justiça Criminal foi a soltura de dezenas de milhares de criminosos presos em todo o Brasil — algumas estimativas falam em 60 mil criminosos soltos[89] — ao longo de 2020 e 2021, para que fossem "preservados" da pandemia. A soltura desses criminosos aconteceu *ao mesmo tempo* em que a população em geral sofria medidas restritivas de liberdade — como redução do transporte público, fechamento do comércio, bloqueio de praias, praças e parques e até, em algumas cidades, *lockdown* — a proibição de circular em espaços públicos.

Até agora, ninguém tinha medido as consequências desse ato "piedoso" na segurança dos cidadãos de bem.

Já podemos ter uma ideia.

O Ministério Público de Minas Gerais e o Departamento Penitenciário (Depen) divulgaram dados[90] sobre a reincidência dos presos que foram "desencarcerados".

Aproximadamente 33% dos presos que foram soltos em Minas Gerais cometeram novos crimes. Repetindo: *um terço* dos criminosos voltou a exercer sua antiga profissão de aterrorizar a sociedade. É difícil acreditar que os responsáveis pela soltura não tivessem consciência de que o resultado seria esse.

Vamos aos números: 12.385 criminosos foram soltos com base na Portaria 19/20 do Tribunal de Justiça de Minas Gerais e do Poder Executivo local.

Desses criminosos, 4.167 geraram 11.082 ocorrências criminais. Perceba que o número de crimes é maior que o de presos, porque *55% dos bandidos cometeram mais de um crime.*

A maior parte dos novos crimes envolveu tráfico de drogas (845), furto (791), assaltos (396), lesões corporais (331), homicídios (47) e tentativas de homicídios (77).

Pare para pensar nisto: 47 *homicídios* foram cometidos porque as autoridades responsáveis acreditaram em um conto de fadas ideológico e colocaram nas ruas criminosos perigosos, e nenhuma voz com responsabilidade e poder se levantou contra essa insanidade.

Por causa disso, 47 pessoas perderam a vida.

NO BRASIL, UM HOMICIDA PODE RECEBER UMA SENTENÇA DE APENAS 6 ANOS.
Esse foi o caso de um pai, morador do Rio de Janeiro, que matou o filho ao usá-lo como escudo contra a polícia. Uma pena de **6** anos começa a ser cumprida já no regime semiaberto. A mãe do menino vagava pelos corredores da Justiça carioca, olhos perdidos, implorando por alguma forma de manter o ex-marido mais algum tempo na cadeia.

Em vão.

No dia 14 de julho de 2016, a dona de casa Cristiana de Souza Andrade, de 46 anos, foi morta a facadas na frente de sua filha de 7 anos por um assaltante no bairro do Estácio, no Rio de Janeiro. O que levou o criminoso a enterrar uma faca no pescoço de Cristina, na frente de sua filha? Eis o que precisamos explicar àquele deputado carioca, ardoroso defensor dos criminosos presos: não importa a explicação para esse ato monstruoso. Cada crime tem uma motivação diferente. O que importa são as consequências, e como é possível evitar que atos semelhantes se repitam.

As consequências do crime para Cristina de Souza podem ser vistas em um vídeo na internet:[91] a inacreditável agonia e morte de uma mãe, cujo sangue espirra do pescoço em jatos, na frente de sua filha de 7 anos.

É preciso entender as consequências para o assassino de Cristina. O pior cenário para ele será o de ficar menos de 10 anos em uma cela. Durante esses anos, ele terá vários direitos e privilégios, como as visitas íntimas e o Auxílio-Reclusão. Inventaram até uma remição de pena por leitura: para cada livro "lido" pelo criminoso, a pena é reduzida em alguns dias.

É sério.

Sobre a remição de pena, vale a pena observar o comentário da promotora de justiça Debora Balzan, do Ministério Público do Rio Grande do Sul:[92]

> Não tenho notícias de existir, em qualquer outro país do mundo, exceto no Brasil, o instituto da *remição*. Ele dá ao condenado que cumpre pena nos regimes fechado e semiaberto a possibilidade de ter a pena diminuída de um dia a cada três dias de trabalho, ou a cada 12 horas de frequência escolar (artigo 126 da Lei nº 7.210, de 7/11/1984). Obviamente, ele não é a única aberração: há outros tantos institutos de que também não se têm notícias [...] em outras legislações: a visita íntima é um outro exemplo.

Visita íntima é o eufemismo usado para descrever o "direito" que o criminoso preso tem de fazer sexo, em uma cela especial, com um visitante de sua escolha. Todos os presos têm esse "direito", independentemente do crime que cometeram e dos seus antecedentes.

Mas voltemos à remição. À primeira vista, ela parece ser um mecanismo que possibilita ao criminoso preso reduzir sua pena através do trabalho. A princípio, uma excelente ideia. Entretanto, cabe perguntar (no Brasil, mesmo as perguntas óbvias têm respostas surpreendentes): o que é considerado "trabalho"? Débora Balzan responde:

> Serviços na limpeza, cozinha ou manutenção geral? Pois aqui no Rio Grande do Sul, PASMEM, está sendo considerado trabalho um preso "representar" outros presos. São os "representantes de galeria" [...] Entenda: conforme afirmou um diretor de estabelecimento penal gaúcho, esse "trabalho" consiste em "repassar as diretrizes determinadas pelos presos importantes" à administração [...]
>
> Os representantes [...] são, na sua imensa maioria, os mesmos que têm ou tiveram contra si, pedidos pela própria Superintendência de Serviços Penitenciários e pelo Ministério Público, representações por Regime Disciplinar Diferenciado, pela GRAVIDADE DE SEUS CRIMES, PERICULOSIDADE E PODER NA ORGANIZAÇÃO CRIMINOSA OU SÃO OS CONSIDERADOS CHEFES DE ORGANIZAÇÕES CRIMINOSAS OU COM GRANDE INFLUÊNCIA NELAS. Entendeu? O bandido fica preso MENOS TEMPO por ser mais perigoso, por ser um dos chefes de facção criminosa [...]
>
> E tem mais: além da imoralidade desse trabalho — e sem se saber exatamente no que consiste —, não há como aferir o tempo empregado nele. Quer um exemplo? Em determinado caso concreto ocorreu de um preso "trabalhar" trinta minutos quinzenais, reunindo-se com a Direção da Casa Prisional, recebendo em seu favor atestado de efetivo trabalho por 8 horas diárias.

Sobre a inacreditável remição de pena por leitura, comenta Débora:[93]

> [...] mesmo com previsão legal, não posso concordar com a remição pela leitura. Primeiro, porque enxergo uma injustiça terrível com a sociedade e, segundo, porque, mesmo para os que veem na pena a necessidade de ressocialização (penso ser ela desejável, mas não sua função principal), ela não funciona.
>
> O preso é incentivado à malandragem. Mas o principal motivo para ser contra o Ministério Público se antecipar, nunca perdendo a realidade inserida: ela não tem previsão legal! O que há é apenas

uma resolução do Conselho Nacional de Justiça, que não tem poder para legislar e suas resoluções não têm caráter cogente, ao menos nesse caso. Não se consegue conter as fraudes das remições legais e quer-se implementar uma sem previsão legal?
A quem serviriam essas remições? À sociedade? Será que o contribuinte e vítima se sentiriam bem em saber que estamos nos antecipando a dar um benefício a mais num contexto de impunidade, violência em números de estado de guerra, legislação leniente, ativismo judicial? [...]

O descolamento do direito penal da realidade das nossas ruas chegou a ponto de produzir juristas que consideram a reincidência um atenuante do crime. É isso mesmo que você leu. O criminoso que já foi preso e condenado uma vez, ao ser preso por um novo crime, deveria ter sua pena reduzida, porque já se tornou uma vítima das instituições carcerárias do Estado. Veja o que afirma um desses juristas:[94]

O processo de deformação e embrutecimento pessoal do sistema penitenciário deve incluir a reincidência entre as circunstâncias atenuantes.

Explicando melhor: quanto mais crimes comete e quanto mais vezes vai preso, mais o criminoso se torna uma vítima do Estado, e mais leve deve ser sua sentença. A reincidência não é mais um fato objetivo, resultante das escolhas feitas pelo criminoso; ela passa a ser um conceito do direito penal autoritário.[95]

É inacreditável.

Compare isso com a decisão da Suprema Corte americana, no caso Ewing v. California, de 2003. Gary Ewing, um criminoso com uma longa ficha de antecedentes — incluindo roubos a residências e assalto usando uma faca — fora condenado a prisão perpétua de acordo com a Lei dos Três Crimes da Califórnia. O terceiro crime de Ewing havia sido o furto de três tacos de golfe no valor de 399 dólares cada um. A Suprema Corte americana manteve a condenação por 5 votos a 4, rejeitando o argumento da defesa de que a punição de Ewing tinha sido "cruel e incomum" e que, portanto, violaria a oitava emenda da Constituição americana. A opinião de três dos juízes da maioria dizia:

> A reincidência é, desde muito tempo, reconhecida como base para aumento da punição.

É inexistente qualquer defesa intelectual robusta do "desencarceramento". Os ativistas dessa causa mentirosa, embriagados pela mentalidade marxista revolucionária, se propuseram a uma tarefa mágica, jamais realizada em qualquer sociedade humana: acabar com as cadeias, os locais onde são colocados os criminosos. Essa obsessão — ao mesmo tempo infantil, arrogante e sinistra — resulta em uma grave deformação da imaginação moral e erosão definitiva da capacidade de raciocínio.

A deformação da imaginação impede o ativista de mostrar empatia pelas vítimas dos criminosos, e até de reconhecer sua existência; tudo o que ele consegue ver — e as únicas coisas que o preocupam — são o bem-estar e a liberdade dos criminosos. A erosão do raciocínio lógico impossibilita ao ativista entender a clara e inequivocamente demonstrada relação existente entre o aumento de prisões de criminosos e a redução no número de crimes cometidos.

O resultado dessa debilidade moral e lógica é a absurda conclusão de que a única política pública aceitável é a extinção das cadeias, ou sua transformação em um local que seria uma mistura de uma sofisticada clínica terapêutica com uma colônia de férias. Na prática, considerando-se a permanente falta de recursos do Estado, trabalhar pela segunda opção equivale a promover a primeira.

Por isso, sempre que lhe mostrarem a foto de um criminoso preso em uma cela superlotada, como se fosse um pobre coitado, peça para ver a foto das vítimas dele.

Sempre que lhe pedirem sua compaixão para um bandido, peça compaixão para as vítimas feridas ou mortas.

Sempre que uma ONG vier falar sobre os direitos dos criminosos presos, pergunte quem vai defender os direitos das vítimas.

Os destruidores da segurança pública são movidos por algumas ideias e comportamentos em comum. Identificar e examinar essas ideias e comportamentos é fundamental para a compreensão de sua forma de ação.

Uma das características dos destruidores é sua capacidade de manter duas posições completamente antagônicas sobre o mesmo assunto, sem nenhuma dificuldade ou constrangimento. Um excelente exemplo é fornecido por um deputado carioca da ala mais radical da esquerda.

Esse deputado pode ser visto em um vídeo[96] — aparentemente, de um discurso para alunos do curso de Direito em uma universidade do Rio — dizendo as seguintes palavras:

> Prisão é um lugar muito caro para tornar as pessoas piores. *Prisão não serve para nada* [...] Se tem uma coisa que eu conheço é prisão. *Aquilo não serve para nada.*

O mesmo deputado pode ser visto em outro vídeo, dessa vez de uma entrevista a uma rede de TV. O assunto era o assassinato de uma vereadora do Rio de Janeiro, do mesmo partido que o deputado.

Dessa vez as palavras do deputado foram:[97]

> Isso não vai ficar impune. É uma militante dos direitos humanos assassinada. Calada. Silenciada [...] A resposta virá.

Mas se o deputado não acredita em prisão, o que ele espera que aconteça com os criminosos que assassinaram a vereadora? **AS DECLARAÇÕES DO DEPUTADO EXEMPLIFICAM OUTRA CARACTERÍSTICA DOS DESTRUIDORES DA SEGURANÇA PÚBLICA:** *ELES DESEJAM UMA SITUAÇÃO PARA A POPULAÇÃO E OUTRA COMPLETAMENTE DIFERENTE PARA ELES MESMOS.*

A maioria deles — legisladores, políticos, juristas, intelectuais e "especialistas" — mora em bairros nobres, em condomínios fechados ou edifícios protegidos por seguranças, muros e câmeras, e anda em carros blindados. O próprio deputado das declarações já entrou para o folclore político por fazer dos ataques à polícia o centro de sua atuação pública ao mesmo tempo em que mantém, há anos, uma equipe de segurança composta de mais de duas dezenas de policiais.

A mentalidade do deputado é a mesma dos destruidores da segurança pública brasileira. Essa mentalidade contamina a lei, infecta a aplicação da Justiça, impede a polícia de trabalhar e deixa o cidadão à mercê dos criminosos. O resultado é exemplificado pelo caso da Secretaria de Segurança do Distrito Federal, citado por Bruno Carpes[98] como exemplo da disfuncionalidade e ineficiência da legislação penal brasileira. No ano de 2019, as polícias Civil e Militar do Distrito Federal prenderam quase 20 mil pessoas. Apesar do elevado número de prisões, a população carcerária do Distrito Federal teve um aumento de apenas 386 presos, ou seja, *98% das pessoas presas pela polícia foram soltas pela legislação.*[99]

A HISTÓRIA DE MAX FERNANDO ODERICH

Luiz Fernando Oderich teve seu primeiro filho aos 26 anos. Max nasceu prematuro, de cesariana, com apenas um quilo e oitocentos gramas. Seu estado era muito delicado; sua chance de sobreviver foi estimada em apenas 20%. Depois de 23 dias na UTI neonatal do Hospital Ernesto Dorneles, em Porto Alegre, Max foi para casa. Ainda muito pequeno, mal conseguia mamar.

Quando tinha pouco mais de 1 ano, a família mudou-se para São Sebastião do Caí, onde Max teve uma infância normal, cercado de muitos animais de estimação: cachorros, gatos, patos e até peixes. Depois dos primeiros anos de estudo, Max foi para o Colégio Sinodal, em São Leopoldo, e em seguida fez o 2º grau no Centro de Treinamento Tecnológico do Senai. Em 1992, a família Oderich hospedou um aluno de intercâmbio, vindo da Suécia. Um ano depois, foi a vez de Max viajar para uma temporada no Canadá, onde concluiu o 2º grau. Em 1994, já de volta ao Brasil, foi aprovado no vestibular para Engenharia Mecatrônica na PUC-RS e voltou a morar em Porto Alegre. Após um ano e meio de curso, fez novo vestibular para Administração de Empresas.

Durante o período de faculdade, Max fez vários estágios, preparando-se para assumir, um dia, a gerência da firma de seu pai. A impressão que deixou nas empresas onde estagiou foi de competência e autonomia. O sonho de juntar à atividade empresarial o trabalho de professor universitário o levou a uma bolsa do CNPq. Nas manhãs de sábado, Max trabalhava como professor voluntário de informática na periferia e prestava assessoria gratuita na incubadora de empresas da Vila Restinga.

No ano de 2000, Max começou a participar da administração da empresa familiar. Prestou novo vestibular para Administração na Unisinos, onde se graduou em 2002. Seu trabalho de conclusão de curso foi aprovado com louvor. Max também passou no exame nacional para cursos de pós-graduação e começou a escrever um livro, *A Gestão do Conhecimento na Indústria Brasileira*.

Sua formatura estava marcada para agosto de 2002.

No dia 17 daquele mês, Max Fernando de Paiva Oderich, então com 26 anos, saiu de São Sebastião do Caí rumo a Porto Alegre para comprar o terno que usaria na festa de formatura.

Não existem informações precisas sobre a sequência dos fatos daquele dia. Luiz Fernando, pai de Max, deduz o que pode ter acontecido. Seu filho deve ter ido a uma loja escolher um terno, conforme planejado. Os ternos sempre precisam de ajustes; Max provavelmente combinou de pegar o terno, já ajustado, no dia seguinte. Livre dessa tarefa, ligou para um amigo e combinou um encontro.

Por volta das 21h30, Max estacionou em frente à casa do amigo e ficou dentro do carro, esperando que ele saísse. Um detalhe importante para entender o que aconteceria em seguida: o parto prematuro e o estado delicado de saúde ao nascer deixaram uma sequela em Max — uma deficiência na audição. Por isso ele usava um aparelho auditivo. Seu pai lembra que, quando ia a festas, Max retirava o aparelho, para evitar o desconforto produzido pela música alta. Luiz Fernando acredita que, quando parou o carro em frente à casa do amigo, Max estava sem o aparelho.

Mas isso é conjectura. O fato é que, quando o amigo chegou, não viu Max. Em um segundo momento, ele notou o carro de Max parado mais adiante. Ao se aproximar, viu que Max estava ferido.

O que provavelmente ocorreu foi isto: sentado no carro, sem o aparelho auditivo, Max não percebeu a aproximação de um assaltante. Quando foi abordado pelo bandido, Max levou um susto e tentou dar a partida no carro. A reação do bandido foi imediata: um tiro certeiro pelas costas que atingiu Max no coração.

Isso é tudo o que se sabe.

O pai de Max, Luiz Fernando Oderich, nunca soube quem assassinou seu filho.

Luiz então criou a ONG Brasil Sem Grades para despertar a consciência da população e promover ações voltadas para o combate às causas da criminalidade. Em julho de 2018, eu fiz uma palestra em um evento promovido pela ONG em Porto Alegre e conheci Luiz Fernando.[100]

Em janeiro de 2019, Luiz declarou em uma entrevista à revista *Noi*:[101]

> Antes de ser assassinado, meu filho estava escrevendo um livro em parceria com um professor da Unisinos. No exemplar, eu encontrei a seguinte anotação: "Um erro é um fenômeno do qual ainda não se tirou proveito". Eu entendi isso como um recado. A morte dele foi um erro e eu tenho que produzir algo positivo a partir desse erro.
>
> O problema não é o Código Penal, que define os crimes e a pena. Ele apenas tipifica. Os crimes não mudaram tanto, já que o ser humano ainda é o mesmo. O grande problema é o Código de Processo Penal. É como o Estado age depois que alguém comete um crime — os prazos, a avaliação das provas. O CPP é que está cheio de furos! É o Código de Processo Penal que prevê, por exemplo, os embargos infringentes que foram usados no caso do Mensalão. Temos que acabar com esses tais embargos. Isso veio do direito português e só existe no Brasil. Em nenhum outro lugar do mundo existe isso. Outra legislação problemática é a Lei das Execuções Penais. Tu foi posto na cadeia, agora, como vai progredir essa pena? Aí é outro ponto furado. O princípio está correto, mas alguns excessos desvirtuaram o sistema. Os indultos, por exemplo, entre Natal e Ano-Novo. O governo dá um monte de indultos e coloca fora da cadeia muita gente perigosa. Isso precisa ser limitado. Na verdade, o governo só pensa em se livrar da despesa de manter os presos.
>
> Normalmente me provocam perguntando: "Mas e aí, quantos milhões de pessoas vamos colocar na cadeia?" Só que esquecem que esse cálculo não existe. A progressão não é aritmética. Cito a Lei da Tolerância Zero em relação ao

consumo de álcool aliado a direção. O que aconteceu? No momento em que o Estado endureceu, as pessoas pararam! Pronto. Então, no momento em que as pessoas notarem "opa, agora estão prendendo mesmo?", elas param! Não vai ser necessário construir tantos presídios. Isso não é verdadeiro. *Quando o rigor aumentar, a criminalidade cairá exponencialmente, como que aconteceu em Nova York.* Se você é conivente com pouco, acaba abrindo margem para o crime maior. Se você for rigoroso com os crimes menores, acabará coibindo desgraças maiores. A Tolerância Zero funciona.

O crime como escolha

Qualquer iniciativa para melhorar a segurança pública é sempre atacada com o argumento de que "isso não vai resolver o problema do crime". O "problema do crime" não tem solução. Crimes brutais acontecem em todos os países, até nos mais desenvolvidos.

Em março de 2009, Josef Fritzl, um cidadão austríaco, foi condenado à prisão perpétua. A Áustria é um dos países mais ricos e desenvolvidos do mundo. O crime pelo qual Josef Fritzl foi condenado desafia os limites da perversão e do sadismo. Fritzl manteve sua filha Elisabeth presa, durante 24 anos, em uma área escondida no porão da casa da família. Durante esse tempo ele a agrediu e a estuprou mais de 3 mil vezes. O abuso pelo pai de Elisabeth resultou no nascimento de sete filhos: três deles permaneceram em cativeiro com a mãe e um morreu poucos dias após o nascimento, assassinado por Josef Fritzl, que jogou seu corpo em um incinerador. Os outros três filhos foram criados por Fritzl e sua esposa Rosemarie.[102]

Os Estados Unidos são o país mais rico e poderoso do planeta, com um dos maiores padrões de vida, onde a pobreza, como a conhecemos no Brasil, não existe. Na noite de 22 de abril de 1974, vários homens entraram em uma loja de equipamentos de som na cidade de Ogden, no estado de Utah. Dentro da loja eles cometeram um dos crimes mais terríveis da história dos EUA: torturaram reféns com requintes de sadismo, forçando-os a beber ácido usado na limpeza de encanamentos, enfiando a pontapés uma caneta no ouvido de um deles e brutalmente estuprando e depois assassinando uma jovem com um tiro na cabeça.[103]

Crimes brutais continuam ocorrendo nos EUA até hoje. No dia 9 de janeiro de 2022, quando fiz uma pausa no trabalho neste livro para dar uma olhada no que acontece no mundo, me deparei com essa notícia no site da rede americana Foxnews:

SUSPEITOS DE ASSASSINATO EM OKLAHOMA FIZERAM SEXO NA CAMA DA VÍTIMA ENQUANTO ELA MORRIA NA SALA AO LADO

> Um homem e uma mulher presos pela morte de uma mulher de Oklahoma fizeram sexo na cama da vítima, enquanto ela lutava pela vida a poucos passos de distância na sala de estar, após sofrer um brutal espancamento com uma barra de ferro, de acordo com a polícia.[104]

No dia anterior — 8 de janeiro de 2022 — o site da CNN tinha apresentado a seguinte matéria:

ASSASSINO ALEMÃO QUE QUERIA "VIVER FANTASIAS CANIBAIS" É CONDENADO À PRISÃO PERPÉTUA

> Um alemão que cometeu um assassinato por "motivos canibais" foi condenado à prisão perpétua por um tribunal regional de Berlim.[105]

No mesmo dia 8 de janeiro, o mesmo site da CNN apresentava esta outra notícia:

TRÊS MULHERES BRUTALMENTE ASSASSINADAS NO MESMO DIA NA FRANÇA, EM UM COMEÇO "INSUPORTÁVEL" DO NOVO ANO

> No dia 1º de janeiro, três mulheres foram mortas na França, cada uma supostamente por um parceiro ou ex-parceiro, no que as ativistas feministas descreveram como um início "insuportável" para a contagem de mais um ano de violência.[106]

Essa lista de crimes brutais cometidos em países ricos poderia prosseguir indefinidamente.

O CRIME COMO ESCOLHA

Não existe "solução" para o *problema* do crime. O crime existe desde o início da história.

Mesmo países desenvolvidos atravessam períodos em que a criminalidade aumenta significativamente. A cidade de Nova York, hoje considerada muito segura, já foi, nas décadas de 1970 e 1980, perigosa e dominada pelo crime violento. Edmund White relata, em *Rapaz da Cidade: Minha Vida em Nova York nos Anos 1960 e 1970*,[107] a rotina dos moradores da cidade naquele período:

> Na década de 1970, Nova York era tão decadente, tão perigosa, [...] que o resto da América levantou as saias e saiu correndo na direção oposta. O turismo estava em declínio [...]
>
> Sabíamos que quarteirões eram seguros e quais eram perigosos [...] Nosso apartamento foi roubado uma vez, apesar das grades nas janelas e da fechadura reforçada [...] Todo mundo que conhecíamos já tinha tido seu apartamento roubado. [...] Uma noite, às 6 horas, meu amigo Stephen Orgel e eu fomos assaltados sob a mira de uma arma na Christopher Street, enquanto outras pessoas passavam ao nosso redor. O ladrão havia rasgado o bolso interno de seu casaco e conseguiu apontar a pistola para nós, discretamente. Não que alguém fosse nos ajudar, mesmo que tivessem visto a arma. O homem mandou que entregássemos as carteiras e fôssemos embora sem olhar para trás, ou ele nos mataria. Quando viramos a esquina, vimos um carro da polícia e contamos ao policial o que havia acontecido; o policial apenas riu, deu de ombros e perguntou com uma risada cansada: "Querem registrar um boletim de ocorrência?". Dissemos que não [...]
>
> Em Nova York, pagávamos ao taxista para esperar no meio-fio até que estivéssemos em segurança dentro do prédio. Estávamos sempre alertas ao que ocorria à nossa volta. Levávamos pelo menos 20 dólares no bolso, quando saíamos de casa, para que um ladrão frustrado não atirasse em nós — mas também evitávamos carregar mais dinheiro e até andar bem-vestidos. Quando saíamos à noite, sempre deixávamos o rádio ligado e a luz acesa para desencorajar os ladrões. Ao nos aproximarmos de nosso prédio, preparávamos a chave com as mãos ainda enfiadas no bolso, para não perdermos nem um segundo a mais do que o necessário.

DISCUTIR QUAIS SÃO AS RAZÕES DO CRIME É UTILIZAR UMA TÁTICA DIALÉTICA: É TRANSFORMAR UM PROBLEMA CONCRETO (alguém foi assassinado) **EM UMA DISCUSSÃO FILOSÓFICA TÃO AMPLA QUE SE TORNA IMPOSSÍVEL TOMAR ALGUMA PROVIDÊNCIA** prática. Como diz o economista Thomas Sowell:

> Mesmo os fatos mais óbvios podem ser ignorados usando-se o argumento de que as causas do crime são muito "complexas" para ser cobertas por uma explicação "simplista". Essa tática argumentativa simplesmente amplia tanto a questão que a torna impossível de responder. O passo seguinte é desmerecer quaisquer explicações que não se alinhem com a versão oficial, classificando-as de "simplistas", porque não conseguem responder de forma completa à questão ampla.
>
> Mas ninguém precisa dominar a complexidade da Lei da Gravidade formulada por Newton para saber que pular do alto de um edifício trará graves consequências. Da mesma forma, ninguém precisa desembaraçar o emaranhado das inúmeras causas conhecidas e desconhecidas pelas quais as pessoas cometem crimes para saber que **COLOCAR CRIMINOSOS EM UMA CELA DE PRISÃO TEM UM HISTÓRICO DE RESULTADOS MELHOR QUE QUALQUER UMA DAS TEORIAS COMPLEXAS OU SONHADORAS DEFENDIDAS PELOS "INTELECTUAIS"**.[108]

JUSTIFICAR UM CRIME ARGUMENTANDO QUE O CRIMINOSO ERA POBRE É EXPRESSAR UM PRECONCEITO ODIOSO. É isso que a esquerda e seus porta-vozes fazem o tempo todo. Mas pobreza não leva ninguém a cometer um crime violento, e ser pobre não significa ser criminoso — isso é *óbvio*.

Em geral, acontecem mais crimes em regiões e países pobres do que nas regiões e países ricos, mas a explicação é simples: nas regiões pobres o Estado está ausente ou aplica menos recursos na manutenção da lei. Condutas que são inaceitáveis em regiões ricas passam a ser consideradas normais em regiões pobres e são estimuladas pela omissão estatal. Um dos exemplos mais gritantes são as "feiras de drogas" ao ar livre que acontecem em algumas favelas; outro é o domínio territorial de grandes áreas em regiões metropolitanas brasileiras pelo tráfico de drogas. Se aparecesse um homem de fuzil em um bairro nobre da Zona Sul do Rio, a reação seria imediata; mas homens de fuzil são uma ocorrência normal nas "comunidades" do Rio de Janeiro.

Assim, o custo que o crime gera para o criminoso — como a probabilidade de ser preso e o tempo de prisão — tende a ser menor, e os benefícios gerados pelo crime tendem a ser maiores nas regiões e países pobres — já que a situação geral é de pobreza. Como Gary Becker já explicou, o criminoso, antes de agir, avalia os custos e benefícios do crime. Quando os benefícios são altos e os custos são baixos, mais crimes serão cometidos. Ainda assim, como qualquer pessoa que conheça uma favela sabe, *apenas alguns indivíduos fazem a opção pelo crime*.

Barry Latzer, professor de Justiça Criminal da City University of New York, em seu livro *Ascensão e Queda do Crime Violento na América*,[109] explica que:

> A relação entre pobreza e crime, no entanto, não é simples. O tamanho da classe pobre é apenas um dos fatores que influenciam o número de crimes violentos. Numerosas outras influências afetam o comportamento dos pobres, qualquer que seja sua participação na composição da população. Um fator crucial é a cultura dos vários subgrupos que compõem o estrato de baixa renda, que inclui a propensão de subculturas específicas a se envolverem em comportamento violento.

Latzer também cita uma análise da criminalidade na Grã-Bretanha que concluiu que "todas as minorias étnicas que têm altos índices de criminalidade ou de encarceramento sofrem de desvantagens sociais ou econômicas, mas algumas minorias que sofrem das mesmas desvantagens não têm altos índices de envolvimento criminal".[110]

NÃO EXISTE RELAÇÃO DIRETA DE CAUSA E EFEITO ENTRE POBREZA E CRIMINALIDADE VIOLENTA.

As evidências são muitas.

Entre 2004 e 2009, a renda média nos estados do Nordeste teve aumento real de 28%.[111] Nesse mesmo período, a criminalidade na região saiu de controle. Por exemplo, entre 2000 e 2010 a taxa de homicídios aumentou 215% em Alagoas e quase 300% no Maranhão.[112]

Basta ir a uma favela para constatar que a maioria das pessoas é honesta e trabalhadora. Os criminosos são a minoria. Se pobreza fosse a causa do crime, a maior parte dos moradores das favelas seria formada por criminosos. Da mesma forma, as áreas rurais do Rio de Janeiro, por exemplo, são muito mais pobres do que as regiões urbanas, mas o crime na zona rural é quase inexistente.

Alguns dos crimes mais selvagens cometidos no Brasil nos últimos anos — o assassinato do menino Bernardo Boldrini — morto pela madrasta —, o crime de Gil Rugai, que matou o pai e a madrasta a tiros, os estupros cometidos pelo médico Roger Abdelmassih, o assassinato de Sandra Gomide pelo ex-namorado, o jornalista Antonio Pimenta Neves, e o assassinato e esquartejamento de Maria do Carmo Alves pelo cirurgião Farah Jorge — foram cometidos por pessoas de classe média ou alta.

"Não há nenhum fator ou conjuntura que explique de forma satisfatória as causas do comportamento criminal", diz Stanton Samenow em seu livro *A Mente Criminosa*.

Analisando as razões da redução dos índices criminais americanos durante a era de ouro dos anos 1950, Barry Latzer comenta a correlação entre a economia e o crime:[113]

> As razões pelas quais o crime era tão baixo [nos anos 1950] não são imediatamente aparentes. A explicação mais óbvia — que a economia saudável reduziu os incentivos à criminalidade — é difícil de ser compatibilizada com os eventos anteriores e posteriores aos anos 1950. Sabemos que o crime caiu durante a terrível recessão econômica da década de 1890, ficou excepcionalmente alto nos exuberantes anos 1920, caiu muito durante os anos da Grande Depressão e disparou no meio da expansão econômica do fim dos anos 1960.
>
> Se uma economia efervescente fosse tudo o que era necessário para derrotar o crime violento, a grande explosão da criminalidade na década de 1960 nunca teria acontecido.

O CRIME COMO ESCOLHA

Em 1980, o PIB per capita do Brasil equivalia a 2 mil dólares. Naquele ano, o país teve 12 mil homicídios, o que resultou em uma taxa de 11,7 homicídios por 100 mil habitantes. Em 2011, o PIB per capital chegou a 4.620 dólares — já descontada a inflação da moeda americana no período —, mais do que o dobro em relação a 1980. O número de homicídios subiu para 52.807 — um aumento de *quatro vezes* —, o que elevou a taxa de homicídios para 27 por 100 mil habitantes, *quase o triplo da taxa de 1980*.

Vale repetir: *o Brasil ficou duas vezes mais rico e três vezes mais perigoso.*

Nem a queda da *desigualdade* de renda parece ter qualquer efeito significativo sobre os índices criminais: em 2003, o índice Gini, que mede a distribuição de renda de um país, era de 0,581 no Brasil. E o país teve 40 mil homicídios. Em 2015, o índice havia melhorado bastante e caído para 0,491 — uma *redução na desigualdade* de 15%. E o país teve 58 mil assassinatos — um *aumento* de 45%.

O país ficou mais rico, menos desigual e, ao mesmo tempo, mais perigoso.

Qual é a explicação?

Ela está diante de nossos olhos.

==DESDE 1984, A LEGISLAÇÃO PENAL NO BRASIL VEM FICANDO MAIS SUAVE, E O FOCO CULTURAL E MORAL VEM PASSANDO DA PUNIÇÃO PARA A FALÁCIA DA *RESSOCIALIZAÇÃO*==. As punições aos criminosos diminuíram e os benefícios aos criminosos presos aumentaram. Adivinhe o que aconteceu com a criminalidade? ==ENTRE 1980 E 2015 O NÚMERO DE HOMICÍDIOS AUMENTOU 400%==.[114]

O criminoso não é um coitadinho. Ele não rouba, estupra ou mata porque é pobre. Ele fez uma escolha. A maioria dos pobres não comete crimes. Eles fazem outras escolhas.

Ao suavizar as penas dos criminosos e classificar os bandidos como pobres vítimas, estamos sendo injustos com a maioria dos pobres, que são honestos e trabalhadores. Esses trabalhadores humildes são a principal vítima dos criminosos. Esses trabalhadores humildes são assaltados, agredidos e mortos sem que ninguém fale por eles.

O crime é uma escolha individual, e o criminoso deve ser punido de acordo com a gravidade do crime que cometeu.

É fácil entender. E fácil explicar quando se conhecem os dados.

Pode-se dizer que o crime tem dois aspectos: o moral e o econômico.

Moralmente, o crime é uma escolha feita pelo criminoso. Ele deve assumir total responsabilidade e ser punido por seu ato de forma proporcional ao dano causado. Em outras palavras: a sentença do criminoso nunca pode ser mais leve que a sentença da vítima.

Do ponto de vista econômico, o crime é uma atividade com custos e benefícios. **É PRECISO AUMENTAR O CUSTO DO CRIME PARA O CRIMINOSO E REDUZIR SEUS BENEFÍCIOS.**

Mas vejam o que acontece no Brasil:

Moralmente, o criminoso é considerado uma vítima da sociedade, que não deve ser punido, e sim "acolhido" e "ressocializado". A cultura popular, a mídia, a literatura e as artes celebram criminosos como ídolos "rebeldes".

Economicamente, criminosos movimentam fortunas, controlam territórios e, quando são presos — o que raramente acontece —, gozam de inúmeros "direitos" e saem rápido da cadeia para usufruir da riqueza que acumularam com seus crimes.

Tudo errado.

Por isso o Brasil não sai de uma crise eterna de criminalidade.

Stanton Samenow diz que em quase todos os milhares de casos que ele estudou o criminoso tinha irmãos, criados nas mesmas circunstâncias, e que não seguiram o caminho do crime.

Essa é uma informação que você nunca vê na mídia. Mas é verdade.

A maioria dos criminosos, incluindo aqueles mais perigosos, veio de uma família — que passou pelas mesmas dificuldades, enfrentou o mesmo desemprego, estudou nas mesmas escolas ruins e morava na mesma rua esburacada e sem luz — na qual a maior parte das pessoas escolheu o caminho do bem.

Esse criminoso não assaltou, matou ou agrediu porque não tinha o que comer. *Ninguém estupra ou tortura uma mulher porque estava com fome.* O criminoso comete um crime para obter um benefício, que nem sempre é material. **O CRIMINOSO COMETE CRIMES PORQUE ESSA É A FORMA QUE ELE ESCOLHEU PARA SATISFAZER SUAS NECESSIDADES DE DINHEIRO, STATUS, PODER E SEXO.**

Barry Latzer conta casos em que jovens membros de gangues na perigosa Nova York dos anos 1970 e 1980 cometiam agressões terríveis ou matavam simplesmente para reafirmar sua posição na hierarquia social do seu bairro. A mesma coisa acontece nas regiões dominadas pelo narcotráfico no Brasil. Exatamente a mesma coisa acontece na praia do Rio de Janeiro nos fins de semana de verão.

Stanton Samenow diz que a mente dos criminosos habituais funciona de maneira diferente da mente das pessoas comuns. A mente criminosa exibe as seguintes características:

1. A inexistência do conceito de danos a terceiros;
2. A disposição de se considerar como vítima e de culpar os outros quando acusado;
3. A capacidade de "desligar" sua consciência;
4. Um senso elevado de merecimento;
5. A sensação de ser especial;
6. A inexistência do conceito de obrigação;
7. A capacidade de ignorar o medo.

Nunca fique calado quando você ouvir alguém dizer que o criminoso é um coitado, vítima da sociedade.

Não deixe as verdadeiras vítimas sem voz.

Crime é escolha.

Como explica o psicólogo holandês Geert Hofstede em seu clássico livro *Culturas e Organizações: O Software da Mente*,[115] a cultura é como um aplicativo que é instalado em nossa mente, por nossa família, nos primeiros 10 anos de nossa vida. Esse aplicativo — a cultura — é que define as regras não escritas do jogo social e nossos valores. É aí que estão os conceitos de bom ou ruim, bonito ou feio, limpo ou sujo e decente ou indecente.

A partir da cultura se formam a moral, os costumes e os hábitos — e depois as leis — de uma sociedade e de um país. Essas são o que o economista americano

Douglass North[116] chama de *instituições,* um elemento fundamental para explicar as diferenças de desenvolvimento econômico e social entre os países — incluindo a situação da segurança pública.

Quando os costumes são ruins — quando subornar uma autoridade é normal, por exemplo, ou quando criminosos são considerados heróis e exaltados na mídia e na cultura popular, e quando as leis e regras são malfeitas ou não são respeitadas —, o crime não encontra barreiras culturais ou morais, e os criminosos recebem estímulo extra para atuar.

Barry Latzer fala sobre a diferença dos índices de criminalidade entre os grupos que emigraram de vários países para os EUA:

> O estudo do crime a partir do século XIX nos traz uma perspectiva diferente sobre suas causas. Alguns dos fatores que pareceram relevantes nas últimas décadas — pobreza, crises econômicas, ambientes urbanos e preconceitos étnicos e raciais — começam a perder importância. Por outro lado, uma análise de longo prazo revela que a propensão para a violência de várias subculturas, sejam elas étnicas, raciais, religiosas ou regionais, parece ser o fator responsável por altas taxas de crimes violentos em períodos bastante longos.
>
> Por exemplo, sulistas brancos e negros, cada um com sua cultura distinta, têm exibido altos índices de violência interpessoal por mais de um século. No caso dos brancos do sul, as tendências violentas podem ser rastreadas desde a migração escocesa-irlandesa do século XVIII. Para os afro-americanos, o período crucial para o aumento do crime violento foi entre 1880 e 1900, a notória era Jim Crow.
>
> Outros grupos culturais que imigraram para os Estados Unidos tiveram perfis bastante variados em termos de crimes violentos. No século XIX, as taxas de criminalidade eram altas para irlandeses e chineses, mas baixas para imigrantes alemães e escandinavos. Judeus da Europa Oriental e italianos do sul, que chegaram mais ou menos na mesma época, entre 1900 e 1910, e se estabeleceram no mesmo lugar, a cidade de Nova York, tiveram taxas de violência muito diferentes. Da mesma forma, na década de 1920, os imigrantes mexicanos aumentaram as taxas de crimes violentos, o que não aconteceu com os japoneses.

> Considerando que *quase todos esses grupos culturais chegaram em estado de pobreza e sofreram maus-tratos vergonhosos por causa de sua raça, religião ou origem nacional*, a variação nas taxas de crimes violentos é intrigante. Ela levanta questões profundas sobre as premissas geralmente assumidas sobre crime, e *sugere que as influências culturais podem ser mais importantes do que os déficits sociais para explicar os altos ou baixos níveis de violência.*
>
> O exame do crime ao longo da história dos EUA também levanta dúvidas sobre o papel das cidades na geração de criminalidade. *Na década de 1890, quando as cidades americanas sofreram um crescimento maciço, o crime violento era relativamente baixo, apesar da degradação das habitações urbanas, do confinamento de imigrantes e dos pobres em guetos, do abuso por parte da polícia — que não tinha nenhum treinamento profissional — e de governos municipais completamente corruptos. As taxas de crimes violentos eram muito mais baixas do que seriam um século depois, quando as condições eram muito melhores.*
>
> Finalmente, a história de longo prazo do crime ensina que as desacelerações e aumentos econômicos estão inconsistentemente relacionados ao crime violento.

No dia 23 de dezembro de 2021 a revista *Oeste* publicava a seguinte notícia:[117]

DEPUTADA QUER DESCRIMINALIZAR "FURTO POR NECESSIDADE"

> Projeto de Lei apresentado pela deputada [...] altera o artigo 155 do Código Penal e prevê o "furto insignificante"

Um projeto dessa natureza tem várias explicações. Uma delas é a publicidade que traz para o autor. Publicidade extraordinariamente negativa, claro. A maioria das pessoas manifesta claramente sua repulsa por uma ideia como essa. Mas o autor é colocado em evidência, ganha espaço — muitos aplausos da mídia — e garante convites para debates, palestras e entrevistas, nas quais será apresentado como herói do combate à injustiça contra os pobres.

As ideias flutuam no ar e são capturadas aqui e ali. Por trás desse projeto está uma das ideias essenciais do socialismo: a de que a propriedade privada é um roubo e, portanto, um ladrão não faz mais do que tentar corrigir uma injustiça.

A deficiência intelectual e moral da maioria dos pensadores, ativistas e políticos socialistas não lhes permite enxergar aquilo que um pouco de reflexão facilmente mostra: uma propriedade nunca é apenas uma coisa material. Uma propriedade — uma casa, um telefone celular, móveis — é a materialização de tempo e esforço investidos em estudo, trabalho e sacrifício.

Uma propriedade é muito mais que algo material: é um instrumento de realização de planos e projetos, e a esperança de dias melhores no futuro.

O criminoso que rouba a propriedade de alguém está roubando tudo isso.

O desprezo pela propriedade — pela propriedade dos outros, é claro — é expresso constantemente nas ações, propostas e decisões de nossos legisladores e juristas. Em 16 de maio de 2017, o site Consultor Jurídico informava aos seus leitores:[118]

> **Pequenos delitos**
> **Princípio da insignificância se aplica a furto de celular, decide supremo**
> Caso não esteja caracterizada grave ameaça ou violência, o furto de um telefone celular pode ser enquadrado no princípio da insignificância. O entendimento é da 2ª Turma do Supremo Tribunal Federal, que reformou decisão do Superior Tribunal de Justiça e concedeu, nesta terça-feira (16/5), habeas corpus para trancar ação penal contra um homem que furtou um aparelho de 90 reais.
> A 5ª Turma do STJ havia determinado a execução da pena sob a alegação de que o objeto tem um custo superior a 10% do salário mínimo da época e por se tratar de um réu reincidente. A tese era defendida pelo Ministério Público Federal [...] neste caso, mais uma vez a tese de que a reincidência, por si só, não impede a aplicação do princípio da insignificância em casos de crimes de menor potencial ofensivo venceu.

A HISTÓRIA DE LUCAS TERRA

Lucas Terra — para seus pais, Luquinha — nasceu em Salvador, Bahia, às 23h59 do dia 19 de outubro de 1986, com três quilos e seiscentos gramas.[119] Alguns anos depois a família se mudou para o Rio de Janeiro. Foram morar em Copacabana, na Avenida Atlântica, a um quarteirão de distância do hotel Copacabana Palace. Lucas era um menino gentil, religioso e querido.

Em 2001, a família decidiu se mudar para a Itália. A mãe de Lucas, Marion, viajou primeiro, para a cidade de Parma. No dia 5 de janeiro, Lucas e seu pai, José Carlos, partiram do Rio com destino a Salvador, onde ficariam por três meses antes de viajar para a Itália ao encontro de Marion. Em Salvador, se hospedariam na casa de um irmão de José Carlos.

Lucas tinha 14 anos.

No dia 21 de março, Lucas acordou às 6 da manhã, tomou banho, escovou os dentes, vestiu uma camisa branca de mangas compridas, calça social azul, cinto, meias e sapatos pretos e saiu de casa às 6h30. Às 13 horas voltou, almoçou e saiu dizendo que ia ao templo que frequentava, no bairro da Pituba. Às 17 horas Lucas voltou para casa, tomou banho, trocou de roupa e, às 17h30, saiu novamente. Antes, abraçou o pai e lhe deu um beijo.

À noite, Lucas ligou de um telefone público para seu pai informando que estava com o pastor S., que o tinha chamado para fazer um "propósito de oração".[120] Depois, desapareceu.

Dois dias depois, em 23 de março, um corpo foi encontrado dentro de um caixote queimado em um terreno baldio, na Avenida Vasco da Gama. O corpo foi identificado como o de Lucas Terra. Lucas havia sido estuprado, colocado em uma caixa de madeira e queimado vivo no terreno baldio da capital baiana.

A polícia identificou como principal suspeito o ex-pastor Silvio Roberto Galiza, que foi julgado e condenado em 9 de junho de 2004 a 23 anos e cinco meses de prisão, que foram reduzidos para 18 anos após recurso.[121] Ao ser entrevistado pelo programa *Linha Direta*, em 2006, Galiza, acompanhado de sete advogados, apresentou uma nova versão do crime, sempre alegando inocência, mas dessa vez acusando outros dois membros da igreja.[122]

Segundo ele, Lucas teria morrido por contar que viu os dois em um ato sexual. A declaração foi aceita pela promotoria. O advogado da defesa disse que a denúncia contra seus clientes seria uma estratégia de Silvio Galiza após ter sido afastado "quando ficou constatado que o mesmo (Silvio) estaria levando garotos para dormir na mesma cama que ele, na igreja do Rio Vermelho, em Salvador".[123]

Depois da denúncia, foi aberto, em fevereiro de 2008, um processo[124] contra F. A. da S., que ficou preso após ter passado um tempo foragido,[125] e J. M. M., que continuou foragido. Dezoito meses após o início do processo, eles receberam um habeas corpus concedido pela Primeira Turma do Supremo Tribunal Federal (STF).

Onze anos depois, no dia 21 de março de 2012, uma matéria do G1 trazia a seguinte manchete:[126]

> **"Sou formiga diante de elefante", diz pai de jovem morto há onze anos na Bahia** — Carlos Terra, pai de Lucas, passou a cursar Direito para reivindicar por filho. "A luta é para que o crime não prescreva e os assassinos sejam presos", diz.
>
> Segundo Carlos Terra, o processo está "parado na prateleira da 2ª Vara Criminal do Estado, provavelmente aguardando ser prescrito, ou seja, arquivado". O pai do jovem, que faz o 7º semestre do curso de Direito, diz que começou a faculdade para entender das leis e lutar pelos direitos do filho. "Estamos lidando com quem tem dinheiro para protelar isso até que seja prescrito, estamos lidando com quem tem poder", diz.
>
> Promotor de justiça responsável pelo caso, David Gallo, explica que o crime prescreve quando completa 20 anos sem julgamento final. "Pode parecer muito tempo, mas considerando que 11 anos já se passaram, o crime pode vir a prescrever, sim", explica [...].
>
> Em nota da assessoria de imprensa, o Tribunal de Justiça afirma que "todos os trâmites relacionados ao caso 'Lucas Terra' estão correndo dentro da normalidade".

No dia 13 de julho de 2012, o G1 publicou outra notícia sobre o caso:[127]

Condenado por matar Lucas Terra cumpre pena em regime aberto na BA

Condenado por abusar sexualmente e matar o adolescente Lucas Terra, em Salvador, o ex-pastor Silvio Roberto Galiza teve progressão de regime concedida nesta sexta-feira (13) pela juíza Patrícia Sobral, da Vara de Execuções Penais de Lauro de Freitas, na região metropolitana, onde o preso cumpria pena.

Em novembro de 2013, uma juíza inocentou os outros dois réus acusados por Galiza. A família de Lucas recorreu e, em setembro de 2015, o recurso de apelação foi julgado pelo Tribunal de Justiça da Bahia (TJ-BA). Os desembargadores decidiram, por unanimidade, que os religiosos fossem a júri popular.

Foi então a vez de a defesa dos ex-bispos recorrer. Em abril de 2017, o STJ negou recurso especial para os acusados, que pediram a suspensão do júri popular. F. e J. permaneceram aguardando julgamento popular em liberdade.

Em 2018, o ministro do Supremo Tribunal Federal, Ricardo Lewandowski, anulou, por falta de provas, o processo que envolve a participação do bispo F. A. da S. na morte de Lucas.

No dia 22 de fevereiro de 2019, o G1 publicou uma notícia com a seguinte manchete:[128]

Pai do adolescente Lucas Terra morre dezoito anos após estupro

A informação foi divulgada pela mulher dele, Marion Terra. Homem estava internado na capital baiana, com cirrose hepática.

A foto que acompanhava a matéria mostra um homem calvo, vestido inteiramente de preto — calça, camisa social, paletó, sapatos e meias —, sentado, com as pernas cruzadas, em uma cadeira colocada em uma calçada. Do lado esquerdo do homem, estendidos no chão, estão vários cartazes e uma faixa. Inconformado com a morte do filho Lucas, o pai ficava sentado em frente ao fórum Ruy Barbosa, de Salvador, espalhando na calçada os cartazes em que contava a história do filho e pedia justiça.

O homem é José Carlos Terra, de 65 anos, pai de Lucas Terra. A matéria informa que José Carlos morreu no dia anterior, quinta-feira 21 de fevereiro de 2019. Continua a reportagem:

> Ele [José Carlos] estava internado desde a última terça-feira e, segundo a esposa, teve uma parada respiratória decorrente de uma cirrose hepática, diagnosticada no ano passado.
> Marion disse que ele teve o estado de saúde agravado em novembro, após receber a notícia de que a decisão que indicou o envolvimento do bispo F. A. da S. na morte do filho havia sido anulada pelo ministro Ricardo Lewandowski, do Supremo Tribunal Federal (STF), por falta de provas.

O tapa na pantera: a armadilha da "legalização" das drogas

A busca por uma "solução" definitiva para certas questões sociais é uma armadilha ideológica. Ela serve para a promoção de agendas de conflitos entre grupos e para justificar medidas estatais de "engenharia social" cujo único efeito é piorar os problemas.

Não existe *solução* para o crime. Da mesma forma, não existe solução para o tráfico de drogas.

O tráfico de substâncias entorpecentes existe em todos os países, inclusive naqueles que *legalizaram* algumas drogas, como a maconha. No dia 27 de abril de 2019, o jornal *The New York Times* — que não é conhecido exatamente por posições conservadoras — publicou uma reportagem[129] cujo título foi: "PIORANDO EM VEZ DE MELHORAR: TRÁFICO DE MACONHA CRESCE NA CALIFÓRNIA APESAR DA LEGALIZAÇÃO". Segundo a matéria, mesmo depois da legalização da droga, a polícia da Califórnia continuava descobrindo plantações ilegais e combatendo a venda irregular — ou seja, o tráfico — realizada por "centenas de serviços de entrega e lojas de maconha ilegais", algumas delas registradas como igrejas. No condado de Mendocino, ao norte de São Francisco, a equipe do xerife descobriu uma instalação ilegal de produção de *cannabis* que processava 250 quilos de maconha por dia. O próprio governador da Califórnia, Gavin Newsom, declarou que as plantações ilegais "estão aumentando, e não diminuindo".

A legalização da maconha na Califórnia foi o maior "experimento" — palavra usada pelo autor da matéria do *The New York Times* — desse tipo já realizado nos Estados Unidos. Os resultados são descritos pelo jornal: "Os policiais dizem que o mercado ilegal ainda está prosperando e em algumas áreas até se expandiu".

Mercado ilegal de drogas é outro termo para descrever o tráfico. Mas a legalização não deveria justamente acabar com o tráfico da maconha? O que houve? O xerife do condado de Mendocino responde: "Há muito dinheiro a ser ganho no mercado negro". A legalização, diz ele, "não diminuiu o trabalho dos policiais". Lá se vai outro argumento da "legalização" que afirmava que o crime iria diminuir. O que aconteceu na Califórnia foi o contrário.

O relato da Califórnia não é, de forma alguma, um caso isolado. Quando o governo canadense anunciou a decisão de legalizar a maconha, uma de suas principais motivações era reduzir o mercado negro. Mas, segundo o *Statistics Canada*, cerca de 75% dos usuários ainda compram maconha de traficantes.[130]

Um dos principais argumentos pela *legalização* das drogas — principalmente da maconha — é de que a medida vai reduzir os crimes. "A realidade é mais complicada", diz uma matéria da revista *The Atlantic Magazine*, de janeiro de 2019:[131]

O fim da proibição da maconha não acabou com os crimes do tráfico

> A legalização da maconha deveria diminuir o crime, mas a realidade é mais complicada.
>
> Converse com as autoridades do Triângulo Esmeralda da Califórnia, no entanto, e uma história diferente surge. Estima-se que a região, que inclui os condados de Humboldt, Mendocino e Trinity, produza 60% da maconha dos EUA.
>
> Ben Filippini, vice-xerife de Humboldt, me disse que, desde a aprovação da maconha medicinal na Califórnia, em 1996, o crime violento em sua jurisdição aumentou: "As pessoas estão sendo baleadas por causa dessa planta. Tudo o que a legalização fez aqui foi criar um refúgio seguro para os criminosos".
>
> Quando perguntei ao subxerife do condado de Trinity, Christopher Compton, o que aconteceu desde que uma iniciativa de 2016 legalizou a maconha no estado, ele disse: "Não vimos nenhuma queda no crime. Na verdade, vimos um aumento grande e constante". O subxerife de Mendocino, Matthew Kendall, concorda: "Estamos vendo mais roubos e mais violência armada".
>
> O que está acontecendo? Um fator a ser considerado é que a legalização levou a um aumento no comércio de maconha em geral,

aumentando assim a oferta de duas coisas que atraem criminosos: a maconha e o dinheiro que ela gera. [...]

Um segundo fator: a Califórnia pode ter legalizado a maconha, *mas nem todos os produtores querem ser legalizados*. Dos cerca de 32 mil plantadores de maconha da região, apenas cerca de 3.500 tinham solicitado uma licença até o fim de 2017. *Alguns insistem que cumprir os regulamentos é muito caro. Outros estão sonegando impostos.*

Preste atenção nessa frase: *nem todos os produtores querem ser legalizados*. Imagine alguém que se envolve com um mercado ilegal, extremamente lucrativo e movido a violência armada. A última coisa que esse tipo de pessoa quer é *legalização*, que significa submissão a leis, regulamentos e fiscalização. Isso deveria ser evidente.

É o que mostra a experiência da Califórnia, para quem se dá ao trabalho de ler jornais.

NÃO HÁ "SOLUÇÃO" PARA O PROBLEMA DAS DROGAS, MUITO MENOS ATRAVÉS DA "LEGALIZAÇÃO" OU "DESCRIMINALIZAÇÃO". DROGAS DEVEM SER TRATADAS COM UMA COMBINAÇÃO PERMANENTE DE EDUCAÇÃO E REPRESSÃO.

A educação é para informar ao público — em especial os jovens — que droga é uma coisa ruim, cujo resultado é sempre a redução do ser humano a um farrapo físico e moral. A repressão é para impedir que o narcotráfico faça novas vítimas, contamine e corrompa as instituições da sociedade e mantenha territórios sob seu controle armado.

No Brasil, um país onde existem mercados ilegais gigantescos de cigarros contrabandeados, combustíveis desviados, remédios falsificados, celulares roubados e autopeças adulteradas, ainda há pessoas que acreditam que a *legalização* vai transformar o gigantesco ecossistema internacional do narcotráfico — composto pelos criminosos mais violentos, ousados e bem armados — em uma indústria obediente, submissa às regulamentações estatais e pagadora de impostos.

"Se o produto fosse oferecido de forma regulada em estabelecimentos legalizados não haveria mais crime", esse é o sonho infantil da turma da *legalização*. Mas quem vai subir o morro para fechar os "estabelecimentos" ilegais? O fiscal do ICMS ou o fiscal da Anvisa? Quem vai entregar a notificação e a multa ao dono do morro?

Pense comigo: se hoje, quando as drogas são ilegais e o tráfico é *crime*, já é quase impossível controlar os traficantes — a não ser a bala —, como será feito o controle quando a venda de drogas for permitida? O simples uso da palavra *legalização* não invocará um poder mágico que transformará traficantes em homens de negócio e os soldados do tráfico em empregados de carteira assinada e cumpridores da lei.

O Brasil tem 16.886 quilômetros de fronteira e perde apenas para Rússia, China e França em número de países vizinhos. Temos fronteira com Argentina, Bolívia, Colômbia, Guiana, Guiana Francesa, Paraguai, Suriname, Uruguai e Venezuela. Alguns desses vizinhos estão entre os maiores produtores de drogas do mundo. O tamanho da fronteira torna impossível uma proteção efetiva. Um dos maiores mercados consumidores de drogas está do outro lado do Oceano Atlântico — a Europa. Somos a rota natural de passagem. Os carregamentos de droga atravessam o território nacional em direção aos portos brasileiros, principalmente pelas regiões Sudeste e Nordeste, deixando um rastro de corrupção e violência desmedida. O Brasil já se tornou o segundo maior mercado consumidor de cocaína. O comércio ilegal de entorpecentes é controlado por algumas das organizações criminosas mais bem financiadas e agressivas do mundo, que operam na América Latina em íntima associação com organizações políticas extremistas e governos corruptos.

Mas, ainda assim, os proponentes da *liberação* têm a firme convicção de que toda essa gigantesca indústria de destruição e morte vai minguar ou desaparecer em pouco tempo, descapitalizada e desarmada, quando as drogas — substâncias cujo uso tem consequências negativas relevantes — forem comercializadas *legalmente*.

Esse pensamento mágico envolve algo mais do que simples ingenuidade.

Muitas pessoas defendem a liberação das drogas com base em princípios libertários, esquecendo os outros interesses envolvidos nessa proposta. A maioria desses interesses nada tem a ver com liberdade.

"Legalizar as drogas" significa liberar a venda de produtos que causam dependência e transtornos mentais graves e irreversíveis. Por isso é preciso perguntar: a quem interessa que o hábito de fumar maconha, por exemplo, seja considerado normal?

Fumar cigarro de tabaco saiu de moda. Então por que fumar um cigarro de maconha é, cada vez mais, descrito como um hábito moderno e saudável?

Na resposta a essa pergunta encontram-se uma agenda ideológica, hedonismo cultural e interesses inconfessáveis. Não há ciência, agenda de saúde pública ou reflexão consciente que explique essa contradição. O jovem que abomina cigarro e apoia a proibição de fumar é o mesmo jovem que acende um baseado.

Por quê?

Por que a mídia, a cultura popular e até as universidades vêm, nas últimas décadas, glamorizando e desmistificando o consumo de maconha, ao mesmo tempo em que demonizam e apoiam a proibição do consumo de cigarros?

Não procure a resposta na ciência.

A fumaça do tabaco e a fumaça da maconha têm quase os mesmos produtos químicos tóxicos em concentrações semelhantes. Um desses produtos é o alcatrão, responsável por forrar os pulmões dos fumantes com uma gosma negra. Estudos mostram que os níveis de amônia são até 20 vezes mais altos na fumaça da maconha do que na do tabaco.[132] Fumar tabaco é ruim para a saúde — e por isso a propaganda de cigarros foi proibida, os maços contêm advertências, e cada vez menos pessoas fumam. Fumar maconha é ruim para a saúde, mas um número cada vez maior de vozes se levanta em defesa da "legalização", inclusive vozes de políticos da "nova geração".

Novelas, filmes, livros e músicas convencem os jovens de que um baseado é uma coisa normal, saudável e moderna. Um item quase obrigatório, se você não quiser ficar de fora da modernidade. Um gigantesco esforço é feito há décadas, de todas as formas, para convencer crianças e jovens de que o uso de drogas é parte de um estilo de vida moderno e "descolado".

O que está acontecendo? A quem interessa que o hábito de fumar maconha se torne disseminado e legal? E o mais importante: Por quê?

Só entre 1995 e 2015 o conteúdo de THC — o componente psicoativo da maconha — aumentou 212%.[133]

Isso é gravíssimo.

De acordo com o estudo "Monitorando o Futuro", realizado pela Universidade de Michigan em 2014,[134] a maconha é de longe a droga mais consumida por adolescentes.

Desde a legalização da maconha no Colorado, o uso por adolescentes e pessoas de até 25 anos tem aumentado constantemente, ultrapassando a média dos EUA. De acordo com o Departamento de Saúde Pública do Colorado, em 2015, o condado de Pueblo teve o maior índice de uso de maconha por alunos do ensino médio: *30% usaram a erva.*

A questão central é esta: está bem documentado que, quando as drogas são percebidas como prejudiciais, o uso delas diminui, como aconteceu com o uso de tabaco por adolescentes. Como o Colorado "normalizou" a maconha, criou-se a percepção de que ela é "orgânica" e "saudável" e que não há nada de errado com ela. O uso entre adolescentes *explodiu*.

Mas existem consequências significativas produzidas pelo uso prolongado ou intenso de maconha a partir da adolescência, fase de significativo desenvolvimento do cérebro, que é estimulado a aprender, explorar e agir. Nessa idade, é como se o cérebro pisasse no acelerador e tivesse problemas com o freio — o controle dos impulsos — e com a habilidade de formar julgamentos.

Os adolescentes correm um risco elevado de desenvolver dependência de drogas ou álcool porque a adolescência é um período de aumento de tendências neurobiológicas para assumir riscos, durante o qual ocorre, simultaneamente, uma redução do controle supressor e regulatório. Ao mesmo tempo, esse é um período em que diminui a supervisão dos pais e aumenta a socialização. Forma-se então uma "tempestade perfeita".

A maconha de antigamente costumava ser classificada como um alucinógeno e pensava-se que ela não causava dependência porque não havia nenhuma síndrome de abstinência identificada.

Isso mudou. Com o aumento da potência do THC há uma síndrome de abstinência claramente reconhecida, que inclui aumento da raiva, irritabilidade, depressão, inquietação, dor de cabeça, perda de apetite, insônia e desejos intensos de maconha.

ESTIMA-SE QUE 9% DAQUELES QUE EXPERIMENTAM MACONHA PODEM SE TORNAR VICIADOS; 17% DOS QUE COMEÇAM A USAR MACONHA NA ADOLESCÊNCIA SE TORNAM DEPENDENTES; E 25% A 50% DAQUELES QUE USAM DIARIAMENTE PODEM SE TORNAR VICIADOS.[135]

Um estudo de 2015, realizado no Reino Unido, descobriu que o uso de *cannabis* de alta potência está associado ao aumento da gravidade da dependência, especialmente em jovens.[136]

Numerosos estudos demonstraram que o uso de *cannabis* antes dos 15 e 18 anos eleva significativamente o risco de desenvolvimento de sintomas psicóticos.[137]

Vários outros estudos documentaram uma relação entre o uso de *cannabis* e o suicídio. Um grande estudo feito na Austrália e na Nova Zelândia com mais de 2 mil adolescentes encontrou *um aumento de quase sete vezes* nas tentativas de suicídio em usuários diários de maconha em comparação com não usuários.[138]

Maconha não é brincadeira.

A não ser para os traficantes.

Aliás, nem para os traficantes. No dia 20 de junho de 2019, o jornal *O Globo* publicou a seguinte notícia:

> **PM remove faixa colocada perto de escola em São Gonçalo que proibia uso de drogas**
>
> A faixa havia sido colocada perto de uma escola no bairro do Rocha, em São Gonçalo, Rio de Janeiro,[139] muito provavelmente por uma das facções do narcotráfico. Ela dizia:

PROIBIDO FUMAR MACONHA DENTRO OU NA FRENTE DO COLÉGIO
OBS: COLÉGIO É LUGAR DE APRENDIZADO EDUCAÇÃO
FUTURO DIGNO PARA NOSSAS CRIANÇAS
ASS: A FIRMA

Quando policiais militares tentaram retirar a faixa, houve confronto com criminosos da comunidade.

A expressão "consumo recreativo de drogas" é um eufemismo que serve para retirar do usuário a responsabilidade por seu ato e apresentar a droga como algo inofensivo.

A mensagem é: se o consumo é apenas "recreativo", então tudo bem.

Mas se o uso de maconha, cocaína ou crack não for "recreativo", ele é o quê? Industrial? Científico? Espiritual?

O sujeito vai à boca de fumo comprar droga com que finalidade, exatamente?

Prepare-se: vão lhe dizer que o consumo é "recreativo" porque o sujeito não é dependente. Ele pode parar de usar a droga quando quiser.

Claro.

É como aquele personagem famoso que declarou que não é dependente, apesar de fumar maconha diariamente há 55 anos.

Um amigo meu, lendo essa matéria, sugeriu a seguinte questão para uma prova do Enem: fulano de tal fuma maconha há 55 anos diariamente. Assumindo três baseados por dia, sabendo que um baseado pesa 0,5 grama, que o preço da maconha é de 1.200 reais o quilo e que uma pistola ilegal custa 10 mil, *calcule quantos assaltos ele já financiou.*

As verdades que a expressão "uso recreativo" tenta esconder são essas:
O USUÁRIO DE DROGAS FINANCIA O NARCOTRÁFICO.
A DEPENDÊNCIA QUÍMICA É UMA EXPERIÊNCIA DESTRUIDORA.
TODA DEPENDÊNCIA COMEÇOU, UM DIA, COM UMA "RECREAÇÃO".

O crack é produzido através do aquecimento de uma mistura de cocaína, bicarbonato de sódio, água e outros materiais fáceis de encontrar, como benzocaína. Esse processo produz uma substância com a consistência de pedra, que solta vapores quando aquecida. Quando são inalados, esses vapores levam a um estado de euforia que dura menos de dez minutos, produzindo um intenso desejo por outra dose. As pedras de crack são vendidas a preços "populares", o que coloca a droga ao alcance de populações com menor poder aquisitivo.

Barry Latzer[140] conta:

> Os efeitos [do crack] sobre os usuários individuais e suas comunidades eram devastadores. Para o usuário, a dependência química era comum e o risco de problemas médicos graves ou de morte era significativo. A necessidade implacável de dinheiro para alimentar a dependência era um incentivo a todos os tipos de crime, incluindo assaltos, com o risco constante de prisão. Mulheres, e às vezes até homens, recorriam à prostituição em um esforço desesperado para sustentar seu vício.

O crack é uma droga de uso comum ao redor de várias "comunidades" do Rio de Janeiro. As "cracolândias" — locais onde os usuários de crack se reúnem para comprar e usar a droga — passaram a fazer parte do cenário das grandes cidades brasileiras.

James A. Inciardi, um especialista americano em drogas e segurança pública, descreve o comportamento do usuário[141] de crack:

> Os usuários geralmente fumam enquanto têm a droga ou meios para consegui-la — usando dinheiro, sexo, bens roubados, móveis

ou outras drogas. Fumantes de crack raramente se contentam com uma única dose. O mais provável é que gastem de 50 a 500 dólares durante uma *sessão* — um período de três ou quatro dias em que fumam crack quase sem parar, consumindo de três a cinquenta pedras por dia. Durante esses ciclos, os usuários de crack raramente comem ou dormem. Depois que o crack é experimentado pela primeira vez, para muitos usuários não demora muito até que se torne um hábito diário.

A tendência de se entregar ao crack durante dias seguidos, esquecendo alimentação, sono e higiene básica, afeta gravemente a saúde.

De onde vem o tremendo poder de entorpecentes como a maconha, a cocaína e o crack? Uma resposta interessante é dada por Allan Bloom no seu livro *O Eclipse da Mentalidade Americana*.[142] Bloom diz que as drogas

> [...] fornecem êxtase prematuro [...], induzem artificialmente a sensação de euforia normalmente atingida apenas depois do sucesso em empreendimentos, da vitória em uma guerra justa, da consumação do amor romântico, da criação artística, da devoção religiosa e da descoberta da verdade. Sem precisar fazer nenhum esforço e sem demonstrar talento, habilidade ou virtude, todos recebem, de forma igual, uma dose de um prazer ao qual, normalmente, só teriam acesso como resultado de alguma conquista pessoal.
>
> Na minha experiência, estudantes que tiveram problemas sérios com drogas — e os superaram — acham difícil sentir entusiasmo ou grandes expectativas. É como se a cor tivesse sido drenada da vida deles e vissem tudo em preto e branco. O prazer que experimentaram no começo era tão intenso que eles não procuram mais por isso...

"Mas por que as drogas são proibidas e o álcool é liberado?"

Nem tudo o que existe na sociedade ao nosso redor tem uma explicação lógica. O mundo não é o resultado de um planejamento perfeito. Muita coisa é fruto dos costumes e tradições acumulados ao longo do tempo. Existe enorme sabedoria nessas tradições, como já explicaram, entre outros, Edmund Burke e Nassim Taleb.

No século XX, a humanidade decidiu proibir os narcóticos, entorpecentes e psicotrópicos, e fez isso através de tratados internacionais.

Esses tratados classificam os narcóticos como substâncias controladas, de venda e uso restrito. A maioria dos países assinou esses acordos.

O controle do uso de substâncias entorpecentes é mundial e começou com a assinatura da Convenção para Limitar a Fabricação e Regulamentar a Distribuição de Entorpecentes, um tratado promulgado em Genebra, em 13 de julho de 1931 pela Liga das Nações, assinado por 25 países.

Esse tratado foi atualizado em 1961, quando 186 países assinaram a Convenção Única sobre Entorpecentes da ONU, que proíbe a produção e o fornecimento de drogas narcóticas, exceto para fins específicos, como tratamento médico e pesquisa.

Esse tratado foi ratificado por um protocolo de 1972 e por acordos posteriores.

Ainda que o Brasil resolvesse "liberar" as drogas, não bastaria mudar nossas leis. Seria preciso abandonar tratados assinados por todos os países do mundo.

Dizer que o abuso de álcool é um mal é repetir o que todos já sabem. Isso não tem nenhum valor como argumento de defesa da liberação de entorpecentes.

Veja bem: é fácil entender que é melhor conviver com apenas um mal — o álcool — do que adicionar a ele mais uma longa lista — maconha, cocaína, crack, heroína, LSD, ecstasy.

Quem anda pelas ruas de Copacabana tem dificuldade de acreditar no número de menores deitados nas calçadas depois de fumar um cachimbo de crack. Se hoje, quando essas substâncias são *proibidas,* não se consegue impedir seu uso por crianças, imagine se forem *legalizadas.*

Não se trata nem de um debate moral.

É apenas uma simples questão de lógica.

"Mas Roberto, você prefere que os usuários comprem maconha no morro, de traficantes? Você prefere manter tudo na ilegalidade?", às vezes me perguntam.

O fato de alguém desejar fazer algo ilegal não obriga automaticamente a sociedade a "legalizar" aquele ato para que o indivíduo possa se sentir melhor.

Sempre existirão desejos e vontades que não podem ser realizados dentro do que chamamos de legalidade. Não é difícil pensar em exemplos.

Ninguém é ingênuo a ponto de achar que a simples existência de uma proibição legal vá, magicamente, *resolver* o problema dos entorpecentes. Não existe "solução" para o problema das drogas. Algumas dessas substâncias existem há muito tempo — maconha, haxixe —, outras foram criadas recentemente — LSD, ecstasy, crack — e, com certeza, outras mais surgirão. Sempre haverá quem escolha usá-las.

Que essas pessoas, então, corram os riscos e assumam os ônus associados a essa escolha. Um dos riscos é a dependência química, uma das formas mais abjetas de servidão humana. Outro é fazer negócios com criminosos violentos e perigosos, entrando em uma favela para comprar uma trouxinha de maconha ou um "pino" de cocaína.

É injusto e imoral querer melhorar a vida do usuário dividindo esses riscos com a sociedade.

A questão da "descriminalização" da maconha tem outra face, nunca apresentada por seus defensores. No Brasil, uma mudança na lei penal *retroage* para beneficiar o réu. Se a maconha for legalizada, as ruas serão inundadas por uma multidão de traficantes que serão colocados em liberdade.

Como dizia Saul Alinsky, *a questão nunca é a questão*.

Os traficantes raramente são presos pelos assassinatos, estupros e torturas que cometem rotineiramente, porque é tamanha a violência envolvida no narcotráfico que ninguém é louco para ser testemunha desses crimes.

Quando um traficante é preso por vender drogas, a sociedade se livra — ainda que, no Brasil, apenas por um tempo curto — de uma grave ameaça. Essa realidade é reconhecida até por grandes defensores da liberação, como o economista e pensador libertário Walter Block. Em seu ensaio *Repensando a Legalização das Drogas: Mais Ganhos Indevidos para o Estado*,[143] ainda que reafirme ser "totalmente comprometido com a legalização das drogas", Block apresenta "um argumento contra a legalização e um a favor da proibição".

O argumento contra a legalização é que "se essa indústria fosse reconhecida como legítima, então seus produtos poderiam ser tributados, como é o caso de todos os bens e serviços legais. Assim, o governo poderia gerar mais receitas do que gera hoje". Block completa: "Qualquer argumento cuja conclusão seja a de que o governo terá mais receita à disposição é altamente problemático".

Mas o segundo argumento — o argumento *a favor* da proibição — é o mais relevante aqui. Diz Block:

Considere agora o segundo argumento, aquele a favor da proibição: ela põe na prisão muitos criminosos que de outra forma não teriam sido capturados. De acordo com algumas fontes, cerca de 40% a 60% de toda a população carcerária está presa devido às leis contra as drogas. Algumas dessas pessoas, provavelmente, não são culpadas de nenhum crime condenável por um libertário: compraram pacificamente, venderam e usaram substâncias controladas.* E em relação a essas pessoas as leis contra as drogas são um desastre absoluto, moral, legal e economicamente. *No entanto, muitos presos por infrações relacionadas às drogas são culpados de cometer crimes violentos, e uma proporção significativa deles não estaria na cadeia se não fosse a atual proibição de substâncias que causam dependência* [...]

Os cidadãos assustados podem, portanto, ser desculpados por aprovar o fato de que as leis contra drogas colocam atrás das grades inúmeros canalhas, que de outra maneira estariam livres para continuar a vagar pelas ruas, saqueando, tumultuando, roubando e estuprando.

O que está acontecendo não é a prisão de pessoas inocentes devido às leis antidrogas, mas a prisão de assassinos, estupradores e ladrões que não teriam sido capturados sem essa legislação, que, portanto, não é de todo ruim.

Barry Latzer acrescenta:[144]

Especialmente curiosa é a descoberta de que existia uma correlação positiva entre prisões por crimes relacionados a drogas e elucidação de homicídios, talvez porque alguns dos envolvidos nos crimes com drogas eram também homicidas, ou porque eles forneciam informações sobre suspeitos de homicídios.

---

* No Brasil o uso de maconha é crime, mas a Lei 11.343, de 2006, determinou que o usuário não seja mais preso. Agora ele apenas leva uma bronca do juiz, paga uma cesta básica ou assiste a uma palestra.

"Não é possível vencer a guerra contra o tráfico de drogas", dizem. Mas não combatemos essa guerra para vencer, combatemos para não perder. Para não ter que pedir permissão a um traficante para sair à rua. Para que não ofereçam maconha, cocaína e crack na porta da escola de nossos filhos.

A "guerra" contra as drogas é inútil, nos dizem. A polícia apreende cocaína hoje, e amanhã já há mais cocaína chegando. Não se pode vencer essa guerra.

E a guerra contra os homicídios, é inútil também? Até pouco tempo atrás o número de homicídios subia todo ano. Então, vamos desistir e legalizar a matança?

Você tomou banho hoje? Mas amanhã você estará sujo de novo. Não se pode vencer a "guerra" contra a sujeira.

Essa é a profundidade desse argumento pela liberação.

Não há como "regulamentar" o uso recreativo de substâncias entorpecentes.

Como a Califórnia e o Canadá já aprenderam, "liberar" ajuda apenas os criminosos.

"Liberar" servirá para aliviar a consciência do playboy que enrola um baseado e para jogar uma multidão de jovens humildes nos braços da dependência química.

A origem do tráfico de drogas está no usuário. Enquanto combatemos o tráfico com alto custo de vidas, essa turma enrola seu baseado, cheira sua cocaína, veste branco e protesta contra a polícia pedindo "paz". Está na hora de virar esse jogo.

Sou a favor de leis que permitam — mas não obriguem — às empresas barrar candidatos a emprego que usem drogas, com a verificação realizada através de exames. Esses exames deveriam ser *obrigatórios* para obtenção da Carteira Nacional de Habilitação, para posse em qualquer cargo do Estado, de qualquer poder — concursado, comissionado ou eletivo —, e para qualquer pessoa que receba ajuda financeira do governo: bolsistas, alunos de universidades públicas e pessoas que tenham direito ao Bolsa Família.

Está na hora de cada um assumir responsabilidade por suas escolhas. Não podemos aceitar que alguém trabalhe para o Estado ou dependa dele para sobreviver e, ao mesmo tempo, financie aqueles que querem nossa destruição.

Adivinhe quem tem a mesma posição que eu sobre as drogas? A Suécia. Lá o uso de drogas — inclusive a maconha — é considerado crime, punido com pena de prisão.

A CONSTRUÇÃO DA MALDADE

O documento "Política Sueca de Drogas — uma política equilibrada baseada em saúde e direitos humanos", do governo sueco,[145] é uma aula de bom senso e racionalidade que destrói de uma só vez a maioria das mentiras e mitos disseminados sobre as drogas pelos defensores da "liberação". Na Suécia, o uso de drogas é um crime desde 1988 e, a partir de 1993, sujeita o usuário à pena de prisão, *mesmo em caso de uso pessoal*. A intenção do legislador, diz o documento, foi a de enviar um sinal claro de que drogas não são aceitas na sociedade sueca e autorizar a polícia a realizar testes de drogas em caso de suspeita de uso.

Mas a criminalização não é contraproducente, como afirmam os defensores da política de "redução de danos"? O documento do governo sueco explica que "a criminalização do uso pessoal foi feita para proteger as pessoas dos efeitos nocivos das drogas, para permitir a intervenção precoce, para oferecer cuidados e tratamento, e, como parte dos esforços, para evitar que os jovens usem drogas e se envolvam com o crime".

É PRECISO CRIMINALIZAR O USO DE DROGAS PARA PROTEGER AS PESSOAS DE SEUS EFEITOS NOCIVOS. NÃO É DIFÍCIL ENTENDER.

Como o próprio documento diz, a proibição do uso pessoal e da posse e venda de entorpecentes torna mais difícil o surgimento de mercados públicos de drogas, lugares onde são usadas e vendidas abertamente — as "cracolândias". O documento sueco lembra que a *cannabis* é classificada como uma das drogas narcóticas que requerem controles mais fortes, de acordo com as convenções sobre drogas das Nações Unidas. Isso significa que, para cumprir a convenção, todos os países deveriam tratar a *cannabis* como uma substância perigosa. Como diz o documento sueco:

> Sabemos que a cannabis pode ter um impacto negativo na saúde das pessoas e em suas oportunidades de desenvolvimento social. A cannabis pode causar doenças psicológicas, como psicoses, alucinações e depressão, tanto a longo quanto a curto prazo. A capacidade intelectual de pessoas que começam a fumar maconha em uma idade jovem pode ser permanentemente prejudicada, com deterioração da capacidade de raciocínio e aprendizagem, da memória e do planejamento estratégico.

A posição oficial do governo sueco é de que *o uso da* cannabis *causa dependência*. Além disso, embora as pessoas não morram da própria droga, diz o documento, "morrem em acidentes rodoviários e outros acidentes causados pelo uso de *cannabis*". O documento também aborda outro ponto polêmico: o "uso medicinal" da maconha. Ele vai direto ao ponto quando diz que, embora estudos tenham mostrado que o ingrediente ativo na *cannabis*, THC — que pode ser extraído ou fabricado sinteticamente —, pode ter efeitos médicos desejáveis, como alívio da dor, não existe nenhum estudo que mostre que tais efeitos podem ser obtidos fumando maconha.

Minha posição contra o comércio e o uso de drogas reflete o pensamento da maioria das pessoas e está alinhada com o posicionamento internacional do Brasil, expresso em tratados e acordos. Por que, então, entramos por um caminho, aparentemente sem volta, de aceitação e leniência cada vez maior com o tráfico e uso de drogas? Uma das respostas possíveis foi dada por Marcelo Schirmer Albuquerque, promotor de justiça do Ministério Público de Minas Gerais:[146]

> "A guerra às drogas foi perdida!". Já não parece possível identificar de forma segura o primeiro "intelectual" a cravar tal assertiva — sem pesquisa séria, estatística relevante ou fundamentação idônea (o que, aliás, é método dominante no Brasil) — como verdade incontestável. A partir de então, a afirmativa categórica vem sendo repetida e repetida como mantra, até que, em alguma medida, se torna realidade, ao menos neste país de faz de conta.
>
> Mas, se formos mesmo subjugados pelo narcotráfico, o mínimo que os cidadãos merecem saber é que tal derrota se deve muito ao fato de a cúpula do Poder Judiciário (contrariando, inclusive, decisões e manifestações de vários de seus membros das instâncias inferiores) ter entregado nossas armas e assinado nossa rendição, muito embora não lhe coubesse fazê-lo, já que, para isso, o competente seria o Congresso Nacional.
>
> Isso porque [...] todas as iniciativas legislativas de recrudescer o tratamento penal e processual penal dado ao comércio de entorpecentes, mesmo contando com o importante apoio da sociedade e da comunidade internacional, foram sucessivamente minadas por interpretações enviesadas, forjadas ou reforçadas no seio do Supremo Tribunal Federal.

Jamais se pôde, portanto, comprovar a propalada ineficácia da repressão penal à mercancia espúria, porque sempre houve quem se apressasse em sabotá-la.

De uns tempos para cá (basta ver as mudanças recentes em entendimentos outrora dominantes), esse fenômeno se intensificou e pululam as interpretações que contrariam ou mutilam o texto expresso da Lei nº 11.343 / 06 (atual Lei Antidrogas), destruindo, a reboque, outros textos legais voltados para endurecer a resposta a crimes graves (classificados como hediondos, por exemplo). E isso mesmo que tais textos estejam em absoluta e inquestionável harmonia com a Constituição da República e diversos tratados internacionais e ainda que por meio das mais bizarras ginásticas hermenêuticas que vão de encontro não só ao básico da ciência jurídica, mas até a lógica e a Língua Portuguesa.

[...] E, aí, às favas com a Lei!

Pouco importa a vontade da maioria da população ou os valores dominantes na sociedade. A liberação vai sendo imposta, a fórceps, pelo entendimento de uma minoria que, contrariando tudo o que se aprende sobre hermenêutica jurídica, decidiu que interpretar é dizer qualquer coisa sobre qualquer assunto [...] o tráfico de drogas é, se não a maior, uma das maiores ameaças à segurança (pública e individual) da sociedade moderna. Quase sempre levado a efeito por organizações criminosas, constitui um poder paralelo que corrompe pessoas, desestabiliza comunidades inteiras e ao qual direta ou indiretamente se vinculam a maioria dos crimes na atualidade, enfim, "é um dos maiores flagelos da humanidade, a cada ano vencendo mais batalhas e ceifando mais vidas".

[...] contra normas expressas e princípios implícitos, o Supremo Tribunal Federal acabou com o regime integralmente fechado e investiu contra o regime inicial fechado, viabilizando que condenados por tráfico (e, repita-se, por outros crimes graves) iniciem o cumprimento da pena no regime semiaberto e até no aberto, que, na prática, quase sempre equivale a pena nenhuma [...]

Diante da constatação de que o narcotráfico há muito tem se revelado uma das maiores mazelas da sociedade contemporânea, a maioria dos países tem se alinhado em seu combate, convergindo esforços no sentido de erradicá-lo. Nesse sentido, inúmeros documentos internacionais foram elaborados, cabendo destacar, entre outros, a Convenção Única de Nova York sobre Entorpecentes, a Convenção sobre Substâncias Psicotrópicas de Viena e a Convenção contra o Tráfico Ilícito de Entorpecentes e de Substâncias Psicotrópicas (também em Viena).

Deste modo, verifica-se ser também exigência de Direito Internacional, cujo descumprimento enseja as mais diversas sanções nesta seara, austeridade e rigor no tratamento penal do comércio ilegal de entorpecentes, situação manifestamente incompatível com o pagamento de uma prestação pecuniária de um salário mínimo prestado de algumas horas de serviço comunitário.

Você sabe o que é "tráfico privilegiado"?

É como nossa lei chama o ato do bobão que foi à boca de fumo comprar cocaína e resolveu levar para os amigos na festa.

Isso, em tese, separaria o bobão do traficante profissional.

Acontece o seguinte (no Brasil sempre acontece algo): a regra geral nos tribunais brasileiros agora é classificar todo o tráfico como "privilegiado".

Isso vale até para o traficante preso *com um fuzil após trocar tiros com a polícia* — a menos que, de alguma outra forma, seja possível provar que o sujeito é criminoso profissional.

E daí?

Daí que a pena do traficante, que seria de 5 anos, cai para um 1 ano e oito meses.

Em regime aberto.

Cabendo pagamento de cesta básica e outras penas alternativas.

Da mesma forma que terroristas do Oriente Médio usam a população local como escudo humano, os narcotraficantes do Rio usam a população das favelas para proteger seu negócio.

Os grandes entrepostos de distribuição de drogas estão em favelas, mas não porque os traficantes são pobres coitados sem oportunidades. Eles estão lá porque a população local — inclusive mulheres, crianças e idosos — serve como escudo humano e sistema de alerta contra a polícia.

Toda vez que você vir uma manchete dizendo que alguém foi "baleado em uma troca de tiros" lembre-se disso.

Essas pessoas não são baleadas por acaso.

Seus ferimentos ou morte servem de proteção ao tráfico, e ainda trazem o benefício adicional de demonizar a polícia e levar a sociedade a ter empatia com os narcoterroristas.

Essa empatia — essencial para os negócios — é estimulada por uma mídia mal informada e por ONGs de "direitos humanos", que, muitas vezes, funcionam como departamentos de marketing do narcoterror.

Você já deve ter visto inúmeros depoimentos de famílias de vítimas de "bala perdida" acusando a polícia. Mas você se lembra de algum depoimento em que a família acusa o tráfico?

Você já deve ter visto os comoventes — e convenientes — desenhos feitos por crianças das "comunidades" que mostram helicópteros atirando em pessoas.

O que a maioria das pessoas não sabe é que o helicóptero oferece proteção essencial para operações policiais contra narcoterroristas escondidos em favelas, e por isso impedir seu uso é fundamental.

A tática de usar crianças para proteção e propaganda é a mesma que a organização terrorista Hamas usa na faixa de Gaza.

É exatamente igual.

Ao ler os jornais e ouvir o que dizem algumas ONGs e "redes" de comunidades, é inevitável que você, cidadão comum, conclua que a polícia não sabe o que faz e representa uma ameaça permanente ao bem-estar dos pobres, e que o traficante é um empreendedor social, não atrapalha ninguém e é querido pela "comunidade".

A VERDADE É QUE OS NARCOTERRORISTAS IMPÕEM UM REGIME DE TERROR NAS FAVELAS QUE OCUPAM, ABUSANDO DOS MORADORES E USANDO-OS COMO ESCUDO. Os traficantes são odiados pelos cidadãos de bem e trabalhadores, que são a maioria absoluta em todas as "comunidades".

A verdade é que o narcoterrorismo gera e financia boa parte das atividades criminosas, espalhando crime, corrupção e medo por todo lugar.

Em Nova York, Miami, San Francisco, Milão, Frankfurt, Londres e Bruxelas existe narcotráfico; em nenhuma delas existe narcoterror. **O DOMÍNIO DE TERRITÓRIOS POR TRAFICANTES SÓ FOI POSSÍVEL COM A LICENÇA IDEOLÓGICA FORNECIDA PELO DISCURSO MARXISTA DO *CRIMINOSO VÍTIMA*.** Só no município do Rio de Janeiro, existem mais de 1.400 favelas. Nesses locais, as leis brasileiras não têm nenhum valor. Nessas regiões, o Estado foi substituído por um poder armado local, cuja função essencial é proteger o território de invasões de grupos narcotraficantes rivais e da polícia. Esse poder — que é, frequentemente, chamado de estado paralelo — cria e aplica a própria lei.

Essas áreas são chamadas de "comunidades".

Mas não é difícil perceber a realidade por trás dos eufemismos e do linguajar politicamente correto.

Bandidos e trabalhadores moram no mesmo território da favela, mas não formam uma "comunidade".

Isso é uma ideia essencialmente marxista, transformada em engodo político-eleitoral através da distorção proposital da linguagem. É também um enorme obstáculo para a implantação de políticas de segurança em favelas.

Através da repetição maciça nos meios de comunicação, a doutrinação do politicamente correto obriga os cidadãos de bem das favelas a se verem como "irmãos" dos bandidos.

Todos são "gente lá do morro".

Vítimas e carrascos são considerados membros do mesmo grupo — e o ataque aos criminosos passa a ser visto como ataque à "comunidade".

É isso que a mídia repete todos os dias.

Essa é a verdadeira finalidade do termo "comunidade".

Palavras são tudo.

Vamos à praia para a rotina de todo dia 31 de dezembro: tentar aproveitar em paz a companhia dos amigos e a natureza do Rio. Mas nesse ano a corda arrebentou.

Logo ao chegar, peguei um saco para recolher lixo e passei muito tempo catando a sujeira que os cariocas e os turistas — irmanados na falta de civilidade — espalhavam na areia. Copos, garrafas, restos de comida, espetos afiados de queijo de coalho. Tudo é jogado na praia. Recolhemos tudo.

Não vou nem sequer falar dos braseiros dos vendedores de queijo, dos panelões de água fervente dos vendedores de milho nem do altinho jogado perto de crianças e bebês. Isso quase não registramos mais.

Mas há a maconha.

O uso de maconha é crime, mas uma lei — a de nº 11.343, de 2006 — determinou que o usuário não seja mais preso. Agora, ele apenas leva uma bronca do juiz, paga uma cesta básica ou assiste a uma palestra. **CRIME, SEM UMA PUNIÇÃO ADEQUADA, TODOS SABEMOS, FLORESCE**.

É por isso que, *todo fim de semana*, minha família — que inclui crianças pequenas — tem que aturar o cheiro enjoativo e ofensivo de maconha. Na nossa área, à luz do dia, na praia que frequentamos há 20 anos.

Até que a minha paciência se esgotou naquele 31 de dezembro de 2019.

Não quero impor minha moral a ninguém. Acho o uso de drogas uma escolha hedonista e suicida, que financia uma estrutura criminosa assassina e que não traz nenhum benefício ao ser humano. Mas cada um é dono do seu corpo. Se quiser beber gasolina, boa sorte.

Só que o direito do maconheiro acaba quando começa meu direito de criar meus filhos em um ambiente livre de substâncias entorpecentes. Tenho esse direito. Uso de drogas é crime.

Então, naquele dia, vi, a menos de 1 metro, um vendedor de alguma coisa sentado em uma cadeira, calmamente enrolando — com muito esmero — um baseado do tamanho do mundo.

Fui até lá, com o máximo de tato e gentileza, dei boa-tarde e perguntei: "Você não vai fumar esse baseado aqui, né? Minha família está ali".

Ele levantou os olhos para mim — olhos que denunciavam que aquela não seria a primeira maconha do dia — e disse: "Não, não. Já vou sair".

"Então sai logo", falei e voltei a ficar de pé, ao lado da minha família, a poucos metros, lamentando que o rapaz — que claramente lutava para sobreviver — já era refém da indústria das drogas.

Outro vendedor ambulante viu a cena, conversou com o rapaz e passou por mim, me tranquilizando: "Ele já vai sair, tá? Ele já vai sair".

O rapaz se levantou e foi embora.

Nesse mesmo momento, vi outro grupo: um garoto de uns 17 anos, outro de uns 19 e uma menina nova. Eram muito brancos e pálidos, tinham os cabelos descoloridos e, sentados na areia, enrolavam um cigarro.

Fui lá: "Isso aí não é maconha, é?".

"É sim", disse o mais velho, olhando para mim e rindo.

"Vocês não vão fumar isso aqui, né? Minha família está ali."

"Vamos, sim", ele disse, sorrindo de novo.

"Se vocês acenderem esse baseado, eu vou chamar a polícia", avisei, já alterando a voz.

"Pode chamar." E sorriu de novo, o sorriso de quem tem certeza da impunidade.

O sorriso da palestra e da cesta básica.

Fui até o calçadão. Encontrei o policial Ricardo e a policial Patrícia, trabalhando debaixo do sol quente. Ouviram minha história, desceram até a areia e abordaram o grupo com toda a polidez. Previsivelmente, não acharam nada. Os corajosos desafiadores da lei devem ter jogado a maconha na água.

Covardes.

Agradeci aos policiais, que voltaram ao calçadão.

Os maconheiros, revolucionários da "narcocausa", permaneceram mais um tempo por ali, depois foram embora. Eles devem ter levado o susto da vida deles. Como assim, alguém se incomoda com um baseado, no Rio de Janeiro?

Eu me incomodo. Todos os dias.

Todos os que estavam na praia viram o que aconteceu.

Assim, com o gesto de um pai cansado e inconformado, talvez um movimento se inicie, como uma quebra dessa apatia que nos envolve.

Quem sabe não faremos uma bandeira com os dizeres "Drogas não serão toleradas" e as hastearemos alto nas praias?

Quem sabe até estancaremos o fluxo de dinheiro que financia os fuzis dos traficantes?

A HISTÓRIA DE MARIA E JOSÉ

Maria e José moravam em uma favela — uma "comunidade" — que era, como quase todas, controlada por um grupo de narcoterrorismo — uma "facção".[*] O casal vivia sua vida sob o regime de terror dos traficantes. Tiveram um filho, o menino virou um rapaz, e o casal

---

[*] O relato é de um caso real. Os nomes foram mudados.

se separou. O pai foi morar em outra "comunidade", controlada por uma "facção" diferente. É rotina no Brasil. Vida que segue.

Um dia, o rapaz foi visitar o pai. Sentados na sala, José e o filho assistem a um jogo na TV quando alguém bateu à porta. Eram traficantes armados — "comerciantes varejistas de drogas ilícitas", como dizem alguns intelectuais.*

José foi obrigado a presenciar o martírio de seu filho. Primeiro, o rapaz foi amarrado em um carro e arrastado por toda a favela. Depois, levado para uma praça. Os traficantes chamaram os moradores. À vista de todos, o filho de José foi assassinado com tiros de fuzil. Para que servisse de exemplo.

Morador de território de outra facção não entra aqui.

Essa é a lei daquela terra. Essa é a Constituição que vigora nas "comunidades". Essa é a "justiça social" do narcoterrorismo, construída em cima dos pilares gêmeos da ideologia, da corrupção e do hedonismo de indivíduos anestesiados por maconha, cocaína e crack.

Os traficantes foram presos e processados. Na fase inicial do processo, o pai foi convocado como testemunha. No tribunal, José disse ser incapaz de reconhecer os assassinos do filho. Os criminosos foram soltos.

José voltou ao gabinete do juiz após a audiência. Trêmulo, olhos vermelhos, voz de desespero profundo, ele disse: "Doutor, eu tive que mentir. Se falasse a verdade, seria um homem morto".

Por isso eu digo a você, cidadão comum, que vive com medo de ser vítima do crime.

Você, que anda desprotegido pelas ruas do país.

A próxima vez que você sentir o cheiro de maconha no ar, lembre-se de José.

---

* Como Vera Malaguti Batista diz em seu livro *Introdução Crítica à Criminologia Brasileira*, um texto exigido na prova de ingresso no mestrado de direito da Uerj.

Menores infratores: lógica em conflito com a lei

Quando menos se espera, voltamos à discussão da maioridade penal. É uma discussão que acontece, quase sempre, baseada em palpites ou sentimentos. Thomas Sowell descreve bem a posição da maioria dos participantes desse debate quando diz:[147]

> O problema não é que Johnny não sabe ler. O problema não é nem mesmo que Johnny não consegue pensar. O problema é que Johnny não sabe o que é pensar; ele acha que sentimentos são pensamentos.

Confundir sentimento com pensamento pode nos levar a ignorar a realidade e nos deixar vulneráveis à pregação ideológica dos que promovem o caos com o objetivo de obter poder e vantagens.

Por isso, quando falamos em crimes cometidos por menores de 18 anos, precisamos começar do início.

A legislação que trata dos criminosos com menos de 18 anos é composta pelo Estatuto da Criança e do Adolescente (ECA) e pela Lei do Sistema Nacional de Atendimento Socioeducativo — Sinase (Lei nº 12.594, de 18 de janeiro de 2012).

Em meio ao desastre geral do sistema de Justiça Criminal, essa legislação se destaca pela mistura quase criminosa de ideologia, leniência e falta de qualquer fundamentação lógica, pedagógica ou moral.

O resumo do problema é este: **A LEGISLAÇÃO QUE TRATA DOS CRIMES COMETIDOS POR MENORES DE 18 ANOS NO BRASIL *IGNORA COMPLETAMENTE***

A REALIDADE DAS RUAS E AS EVIDÊNCIAS ACUMULADAS NAS ÚLTIMAS DÉCADAS PELAS POLÍCIAS DE TODO O PAÍS. Essa legislação foi criada com base na premissa de que o criminoso menor de idade é uma criança inocente, que não sabe o que está fazendo e que precisa apenas de acolhimento, nunca de punição.

Já basta isso para caracterizar um erro evidente. Como sabe qualquer pai ou mãe que se preocupa e se envolve com a educação dos filhos, punições são parte insubstituível de um processo educacional. Se os pais não punem os filhos por suas faltas, mais tarde a vida o fará — e de formas muito mais cruéis.

A visão romantizada e equivocada do crime, promovida por ideólogos sem nenhum compromisso com a realidade, encontra sua expressão mais caricata — e revoltante — na linguagem empregada na descrição dos crimes e do tratamento dado aos criminosos menores de idade. Aqui o eufemismo é expandido até as raias do absurdo. Se você nunca teve conhecimento disso, é melhor puxar uma cadeira e se sentar.

Para começo de conversa, *é impossível para um menor de 18 anos cometer um crime no Brasil.*

É isso mesmo que você leu.

O criminoso menor de idade pode fazer o que quiser — assaltar, estuprar ou matar várias pessoas — e suas ações serão sempre classificadas como *atos infracionais*.

Aliás, ele nem pode ser chamado de criminoso.

O menor de 18 anos que comete um ato infracional — e que já foi, no passado, chamado de pivete ou trombadinha — é agora oficialmente denominado *menor infrator* ou, no que talvez seja a expressão campeã na interminável disputa pela melhor forma de remover do bandido brasileiro a responsabilidade por seus crimes, *adolescente em conflito com a lei*.

Observe a perfeição ideológica dessa expressão. O indivíduo não violou a lei nem a desobedeceu. Ele está em conflito com ela. E ele é um adolescente: na nossa mente já está formada a ideia de um ser frágil, inseguro. Não há, na expressão, nada que remeta a vítimas, violência, dor ou sofrimento, muito menos a um crime. Trata-se apenas de uma disputa entre um jovem e a poderosa lei. É claro que vamos ficar do lado do adolescente — o lado mais fraco desse *conflito*.

Palavras são tudo.

Mas fica ainda pior. Muito pior.

Se o adolescente em conflito com a lei matar alguém, ele não comete um homicídio. No Brasil, é impossível que um menor de 18 anos cometa um crime, lembra? Se o adolescente em conflito com a lei matar alguém, ele comete um *ato infracional análogo ao crime de homicídio*.

Mas a vítima morreu, e está enterrada em uma cova real, em um cemitério real, e sua família mergulhou no desespero da perda. Não há nenhuma analogia envolvida aqui.

Mas a loucura embutida na linguagem e transformada em lei é estendida infinitamente: ato infracional análogo ao crime de estupro. Ato infracional análogo ao crime de latrocínio. Ato infracional análogo ao crime de sequestro.

Se, por acaso, a polícia flagrar o adolescente no meio do seu ato infracional, ele não será preso, mas *apreendido*. Levado diante de um juiz, ele não receberá uma sentença. O máximo que o juiz pode fazer é determinar sua internação para *cumprimento de medidas socioeducativas*. Mas mesmo a internação só é possível em casos graves. Vejam o que diz o ECA:

ESTATUTO DA CRIANÇA E DO ADOLESCENTE
Lei nº 8.069/90
Art. 122. A medida de internação só poderá ser aplicada quando:
I - Tratar-se de ato infracional cometido mediante grave ameaça ou violência à pessoa;

Ao juiz que determina a internação não é dado nem o poder de determinar quanto tempo ela deverá durar. De novo, o ECA:

ESTATUTO DA CRIANÇA E DO ADOLESCENTE
Lei nº 8.069/90
Art. 121. A internação constitui medida privativa da liberdade, *sujeita aos princípios de brevidade, excepcionalidade e respeito à condição peculiar de pessoa em desenvolvimento*.
§ 2º A medida não comporta prazo determinado, devendo sua manutenção ser reavaliada, mediante decisão fundamentada, *no máximo a cada seis meses*.
§ 3º Em nenhuma hipótese o período máximo de internação excederá a três anos.

A decisão de soltar ou não o menor infrator será tomada posteriormente, por outro juiz. Sobre isso, vale consultar a lei do Sinase:

LEI DO SINASE — Lei nº 12.594/12
Art. 42. As medidas socioeducativas de liberdade assistida, de semiliberdade e de internação *deverão ser reavaliadas no máximo a cada 6 (seis) meses*, podendo a autoridade judiciária, se necessário, designar audiência [...].
§ 1º A audiência será instruída com o relatório da equipe técnica do programa de atendimento [...].
§ 2º *A gravidade do ato infracional, os antecedentes e o tempo de duração da medida não são fatores que, por si, justifiquem a não substituição da medida por outra menos grave.*

Vale a pena ler de novo o segundo parágrafo. O que ele quer dizer é isto: o juiz que decidirá pela libertação ou não do criminoso — desculpe, do adolescente em conflito com a lei — *está proibido por lei de levar em conta, na sua decisão, o crime que foi cometido, sua gravidade, o número de vítimas e os crimes anteriores.*

Mas como assim? Se o juiz não leva em conta o crime cometido nem os antecedentes, como ele vai tomar a decisão de soltar ou não o menor?

A decisão do juiz é tomada exclusivamente com base no comportamento do menor durante a internação. A decisão do juiz é determinada pelos relatórios da equipe técnica que acompanha a internação do menor.

Volte ao artigo 42 da Lei do Sinase: a cada seis meses, o adolescente infrator tem nova chance de ser solto; basta apenas ter bom comportamento. Como a maioria dos policiais, promotores e magistrados já sabe, alguns dos criminosos mais perigosos e violentos, quando presos, têm excelente comportamento, que entendem os benefícios que isso lhes trará.

Só uma profunda convicção de que o criminoso não tem responsabilidade por seus crimes leva uma sociedade a aprovar um texto como o do segundo parágrafo do artigo 42 da lei do Sinase, determinando que um magistrado, ao decidir o destino de um criminoso, esqueça as vítimas e o crime.

Apenas isso já deveria bastar para demonstrar o poço de lixo ideológico que foi criado sob a camuflagem de "legislação de proteção ao menor". Mas o festival de pegadinhas da legislação de "proteção" ao menor não tem fim.

Observe este artigo da Lei do Sinase:

LEI DO SINASE — Lei nº 12.594/12
Art. 45. Se, no transcurso da execução, sobrevier sentença de aplicação de nova medida, a autoridade judiciária procederá à unificação, ouvidos, previamente, o Ministério Público e o defensor, no prazo de 3 (três) dias sucessivos, decidindo-se em igual prazo.
§ 2º É vedado à autoridade judiciária aplicar nova medida de internação, por atos infracionais praticados anteriormente, a adolescente que já tenha concluído cumprimento de medida socioeducativa dessa natureza, ou que tenha sido transferido para cumprimento de medida menos rigorosa, sendo tais atos absorvidos por aqueles aos quais se impôs a medida socioeducativa extrema.

Quando o linguajar jurídico, carregado de eufemismos, é traduzido para o português, o que se descobre é impressionante. O que esse artigo diz é o seguinte: se o adolescente infrator tiver sido internado para cumprir uma medida socioeducativa porque praticou um certo ato infracional e, posteriormente, for descoberto que ele praticou outros atos, mesmo que muito mais graves, ele não poderá ser punido por esses atos recém-descobertos.

Esse dispositivo legal é tão bizarro que é preciso dar um exemplo. Suponha que o menor J. A. tenha assaltado alguém, sido apreendido e um juiz tenha determinado sua internação para o cumprimento de medidas socioeducativas. Depois de seis meses, J. A. já pode ser solto.

Algum tempo depois, a Delegacia de Homicídios, ao investigar vários crimes, descobre que J. A. esteve envolvido, como matador, em uma série de homicídios encomendados pelo narcotráfico.

Como J. A. já tinha sido internado em razão do assalto, ele não pode ser internado novamente por causa dos assassinatos, porque eles foram cometidos anteriormente ao assalto.

Tente encontrar uma fundamentação moral ou lógica para essa aberração jurídica. É uma tarefa impossível. Mas é assustadoramente fácil entender as consequências práticas: menores infratores podem cometer crimes graves — homicídio, estupro, tortura — e depois se deixar prender ao cometer um delito menor — um furto, por exemplo. Uma vez internados pelo furto, todos os crimes graves terão desaparecido do seu histórico como um passe de mágica..

Desaparecem os crimes, as vítimas, suas famílias, sua dor e sofrimento.

DIZEM QUE, NO BRASIL, MENORES DE 18 ANOS TÊM LICENÇA PARA MATAR. ESSA AFIRMATIVA NÃO É VERDADE. NO BRASIL, MENORES DE 18 ANOS TÊM LICENÇA DO ESTADO, EXPRESSA EM LEI, PARA FAZER *QUALQUER COISA*.

Não é preciso ser filósofo, psicólogo ou sociólogo para adivinhar o resultado desse mecanismo promotor de impunidade e deformação moral.

O resultado é este: o tempo médio de internação de um adolescente em conflito com a lei que mata alguém no Rio de Janeiro é de *oito meses*.[148] Como diz meu amigo delegado Rafael Barcia, isso significa o seguinte: se o sujeito matar você no Carnaval e for apreendido e internado, ele já vai passar o Natal em casa, com a família.

O resultado — previsível para quem não está cego pela desinformação, ideologia ou populismo — é transformar menores de 18 anos em excelente mão de obra para as facções criminosas do narcotráfico, que os usam como olheiros, como guias de motoristas de caminhão sequestrados durante o roubo de cargas e como assassinos.

O RESULTADO É QUE, NO RIO DE JANEIRO, O NÚMERO DE ADOLESCENTES APREENDIDOS PASSOU DE 1.800 EM 2006 PARA 10 MIL EM 2016.

Como não se combate crime com eufemismos, nossas ruas se tornaram uma selva onde a vida não vale nada.

Os "especialistas" em segurança pública que fazem a cabeça da nossa sociedade ajudam a desinformar e ideologizar a discussão sobre uma questão vital à nossa sobrevivência como indivíduos e como nação.

Esses "especialistas" — a maioria dos quais não tem experiência alguma com policiamento, formação intelectual adequada (que não deve ser confundida com diplomas) ou credencial em Psicologia ou Pedagogia — influenciam muitas pessoas bem-intencionadas, que acabam se posicionando contra a redução da idade de imputabilidade penal baseadas em informações falsas e raciocínios equivocados.

É NOSSO DEVER APRESENTAR OS FATOS E DESFAZER AS CONSTRUÇÕES IDEOLÓGICAS INSENSATAS E IMORAIS QUE PROMOVEM INJUSTIÇA E IMPUNIDADE.

É evidente que nosso país precisa de melhores escolas, mas elas não são a solução para o crime. Na verdade, é sempre bom repetir: quando se trata de crime, não existe solução. Crime é um fenômeno universal. Mas o Brasil vive uma situação

MENORES INFRATORES: LÓGICA EM CONFLITO COM A LEI

extremamente grave, e existem, sim, várias medidas que precisam ser tomadas com urgência. Uma delas — como já deve ter ficado claro — é acabar com a impunidade para criminosos com menos de 18 anos.

Não há justificativa para que um cidadão com 17 anos tenha direito a escolher o presidente da República, mas não seja considerado responsável para responder por um crime violento. É longa a lista de barbaridades cometidas por menores de 18 anos.

Site G1, 23 de julho de 2014:[149]

> **Menor é suspeito de matar bebê e esfaquear mãe e filha no Tocantis**
> Adolescente foi apreendido a 100 metros do local do crime. Ele é conhecido por outros crimes praticados em Colinas do Tocantins.

Revista Veja, 9 de maio de 2017:[150]

> **Menor suspeito de participar de estupro coletivo se entrega**

Site G1, 18 de março de 2016:[151]

> **PM é morto após suspeito tomar sua arma; menor foi baleado e morreu**
> *Suspeito* menor de idade atirou contra dois policiais em Santos, SP. Agente assassinado chegou a ser atendido, mas não resistiu aos ferimentos.

Percebam que, em dois dos casos acima, o menor infrator fez vítimas que também eram menores de idade. O ECA e a Lei do Sinase só conseguem proteger os agressores. As vítimas são logo esquecidas, seus algozes "reciclados" por, no máximo, uma internação, e devolvidos rapidamente às ruas para, muito provavelmente, voltar a matar.

Uma sociedade que permite isso não valoriza a vida humana.

Está na hora de encarar a realidade e fugir das armadilhas ideológicas que levam à transformação do criminoso em vítima e à transferência da responsabilidade de sua escolha para a sociedade.

No debate sobre menores infratores, um dos argumentos usados com mais frequência pelos defensores da impunidade — por ingenuidade ou esperteza — é mais ou menos este: "Segundo o Unicef, somente 1% dos adolescentes cometeu atos violentos. Qual seria a vantagem da redução da maioridade penal? Permitir que adolescentes condenados por crimes de baixa periculosidade tenham acesso às cadeias, que são verdadeiras faculdades do crime?".

A resposta para esse argumento tem duas partes.

A primeira é uma resposta moral. Sob esse ponto de vista, é irrelevante a quantidade de criminosos que cometeu determinado crime. Se, das dezenas de milhares de homicídios cometidos por ano no Brasil, apenas dez tivessem sido cometidos por "adolescentes", ainda assim esses crimes não poderiam ficar impunes. A lei é igual para todos, e a sociedade deve responder sempre com punição rápida e adequada àqueles que violam seus princípios e valores mais sagrados.

Justificar impunidade com base em quantificação é absurdo. Para constatar isso, basta aplicar o mesmo raciocínio aos banqueiros suspeitos de crimes. Qual é o percentual de banqueiros criminosos? Provavelmente menos que 1%. Será que vale a pena colocá-los na cadeia? Alguém poderia acrescentar: são pessoas distintas, com curso superior e com muito a contribuir para o país. Na cadeia, vão ter contato com bandidos e se corromper.

O absurdo desse argumento contra a redução da maioridade penal fica ainda mais evidente quando aplicado a outra categoria de criminosos: as mães que matam os próprios filhos. No dia 19 de abril de 2015, jornais noticiaram a prisão de uma mãe de Fortaleza acusada de matar o filho autista com sorvete envenenado.[152] A reação de qualquer pessoa normal diante de um fato como esse é de indignação extrema e expectativa de uma punição severa.

Mas vamos fazer um teste e aplicar, nesse caso, a mesma argumentação usada contra a redução da maioridade penal e a "prisão de menores": será que vale a pena prender uma mãe que mata um filho?

Vejamos os argumentos contra:

1. Não é solução para o problema do crime no país;
2. As prisões são fábricas de crimes. Lá dentro, a mãe vai se tornar uma criminosa profissional;
3. O Brasil já prende demais. Temos uma das maiores populações carcerárias do planeta;
4. Ela provavelmente cometeu o crime porque não teve o apoio da sociedade na hora certa;

5. Educação é a solução, não a prisão. É melhor que ela vá para uma escola.

Se esses argumentos parecem absurdos e revoltantes, é porque eles são mesmo. Mas são esses os argumentos usados contra a redução da maioridade penal.

Por último, uma observação muito importante: a única estatística confiável sobre crimes no Brasil é o número de homicídios, que são comprovados pelo encontro do cadáver. Registros de outros crimes são reconhecidamente incompletos. A maioria dos crimes — furtos, assaltos, estupros, ameaças e agressões — nunca chega ao conhecimento da polícia.

O registro de um crime cometido por um menor de 18 anos no Rio de Janeiro tem que ser feito em uma delegacia especializada, que fica no centro da cidade. Quem vai se dispor a passar por esse incômodo, ainda mais conhecendo o provável resultado, a soltura do criminoso em pouco tempo? Quem vai perder várias horas e se colocar em uma situação de desconforto e perigo? Eu mesmo já fui testemunha de casos em que a vítima desistiu de dar queixa.

As estatísticas oficiais sobre crimes cometidos por menores são apenas a ponta do iceberg. Somente uma pequena fração dos crimes que realmente ocorrem é registrada oficialmente.

Afirmar que "apenas 1% dos menores se envolve com crimes" é mentir descaradamente, quando os dados oficiais mostram que a autoria de 92% dos homicídios e de 98% dos assaltos é desconhecida.

É preciso acabar com todos os artifícios que promovem a impunidade dos criminosos. Isso inclui reduzir ou eliminar a idade mínima de imputabilidade penal e deixar, como acontece em muitos países, que a decisão de julgar o criminoso como adulto ou como menor fique a cargo do juiz.

No dia 27 de maio de 2015, o médico Jaime Gold foi assassinado na Lagoa Rodrigo de Freitas, no Rio de Janeiro, por criminosos que tinham menos de 18 anos. Um dos assassinos o apunhalou pelas costas quando ele passava de bicicleta. Caído no chão, o médico teve seu abdômen rasgado de cima para baixo com tal violência que não lhe restou nenhuma chance de sobrevivência. Foi abatido como um animal. Uma sociedade que não dá uma resposta adequada a um ato como esse está decretando a própria sentença de morte.

Um dos assassinos do doutor Jaime já havia sido "apreendido" quinze vezes.[153] O outro assassino, segundo informou o site G1,[154] em 28 de maio de 2015, já respondia por outro ato infracional análogo ao de latrocínio — roubo seguido de morte — e outros dois atos infracionais análogos a receptação e roubo.

Os dois responsáveis pelo assassinato do dr. Jaime foram internados, em junho de 2015, para cumprir medidas socioeducativas. A internação durou 1 ano e nove meses.

Quase exatamente 2 anos depois — no dia 22 de julho de 2017 — o site de notícias G1 exibia a seguinte manchete:[155]

Jovem condenado por morte do médico Jaime Gold é preso por suspeita de assalto a supermercado

> Um jovem condenado por envolvimento na morte do médico Jaime Gold em 2015, na Lagoa Rodrigo de Freitas, Zona Sul do Rio, foi preso neste sábado (22). O motivo da prisão, entretanto, foi outro crime: A. de J. M. S., hoje com 19 anos, foi preso por suspeita de roubar um supermercado em Petrópolis, na Região Serrana do Rio.
>
> Segundo a Polícia Rodoviária Federal, que efetuou a prisão, o grupo do qual A. fazia parte tentava escapar após o assalto, quando agentes da corporação perceberam um tumulto próximo ao local. Houve perseguição e os suspeitos chegaram a atirar nos policiais.

Não existe argumento razoável para não prender um criminoso só porque ele tem menos de **18** anos. O apelo é sempre para "não colocar as crianças nas prisões junto com monstros". A realidade, entretanto, é que algumas dessas "crianças" já são monstros. Constatar isso não é bonito, não me dá prazer nem tranquilidade — eu sou pai. Não é politicamente correto. Mas é a verdade.

Por que essas crianças se tornaram monstros? A resposta não pode ser automática. Não vale repetir o velho chavão de que isso aconteceu porque não tiveram oportunidades, porque foram oprimidas, porque não tiveram educação. É preciso pensar. A pobreza no Brasil diminuiu nos últimos anos. A escola é obrigatória para as crianças brasileiras. O Brasil foi governado de 2003 a 2016 por um partido de esquerda, justamente o grupo que reivindica o monopólio da virtude e da defesa dos

MENORES INFRATORES: LÓGICA EM CONFLITO COM A LEI

pobres e oprimidos. Por que, então, nesse mesmo período, os crimes aumentaram brutalmente em número e violência?

É preciso perceber que, diante da mesma realidade social, alguns escolhem o crime, enquanto outros escolhem o estudo ou o trabalho. Para quem fez a escolha pelo crime, pouco importam escolas ou ideologias. É claro que há influência da estrutura familiar, da convivência com criminosos, da vida em regiões miseráveis e sem lei. Mas é essencial lembrar que existem milhares de outras pessoas que vivem nas mesmas condições e nunca cometeram crime algum.

Certo dia, ouvi a faxineira do meu prédio conversando com o porteiro. Ambos já foram assaltados. Várias vezes. Eles e toda a família deles. A faxineira contava ao porteiro todos os cuidados que tomava ao sair de casa, a preocupação constante com os filhos. **OS POBRES VIVEM SOB A DITADURA DOS CRIMINOSOS. VIVEMOS, TODOS, SOB ESSA DITADURA.**

Sugiro a quem defende a tese de que a pobreza é a causa do crime ouvir o que a faxineira do meu prédio tem a dizer. Sugiro a quem acredita que o Estatuto da Criança e do Adolescente (ECA) é "um instrumento importante e efetivo para a proteção dos menores" — palavras de um certo deputado carioca — conversar com qualquer adolescente que mora no Rio de Janeiro, de qualquer classe social. Pergunte quantas vezes ele já foi assaltado. Pergunte quantas vezes ele já viu um assalto. Pergunte a idade dos assaltantes.

O ECA é o exemplo perfeito da dissonância cognitiva da cultura brasileira, da crença inabalável de que basta criar uma lei e todos os problemas estão resolvidos. É a materialização da hipocrisia institucional que, ao mesmo tempo em que ignora a multidão de crianças pedintes perambulando por nossas cidades, trata assassinos selvagens com *apreensões* e *medidas socioeducativas*. E os cidadãos de bem — pobres, em sua maioria, e inclusive menores — que se danem.

Está na hora de enfrentar a hipocrisia dos políticos irresponsáveis e dos "especialistas".

Está na hora de ouvir a voz da sociedade — a voz das crianças, a voz dos pais e mães que não têm tranquilidade, a voz dos policiais que enxugam o gelo de uma criminalidade sem fim.

Se os presídios brasileiros são uma porcaria, que sejam melhorados, na medida do possível. Ser contra a redução da maioridade penal porque os presídios não prestam é como ordenar ao Samu que pare de socorrer acidentados nas ruas porque os hospitais públicos são ruins.

O Estado é responsável pela polícia, pela Justiça, pelas investigações e pelas prisões de criminosos. No Brasil, quase nada disso funciona. O Estado é responsável pelas penitenciárias, que são, geralmente, imundas e sem lei. Esse é exatamente o mesmo Estado — incompetente, perdulário e populista — que, seguindo as determinações do ECA e da Lei do Sinase, vai conseguir "reabilitar" assassinos menores de 18 anos.

A legislação delirante espera que o Estado crie instituições mágicas, que receberão assassinos de um lado e devolverão cidadãos exemplares do outro.

Mas a realidade é implacável.

Tentam me convencer de que o ECA é bom porque, na teoria, garante a proteção integral ao menor. Eu respondo: isso é letra morta. Em Copacabana, há menores fumando crack à luz do dia. Há crianças de 5 anos vendendo doces nos sinais de Botafogo, da Barra, de Jacarepaguá. Nas favelas dominadas pelo narcotráfico, as crianças são mão de obra do crime ou exploradas sexualmente (foi a investigação desses crimes que levou o jornalista Tim Lopes a ser executado pelo narcotráfico). Criança abandonada é a regra nas cidades do Brasil. Nenhuma palavra ou frase bonita do ECA ou da Lei do Sinase tem qualquer influência sobre essa realidade. Tudo só piora.

Explico também que o ECA deixa impunes assaltantes, estupradores e assassinos de 17 anos. Quando digo isso e mostro os fatos e as estatísticas, os defensores do ECA me respondem: "Ah, essa é a parte ruim do ECA, não concordamos com isso".

A conclusão é óbvia: **O ECA E O SINASE SÃO LEIS QUE TÊM UMA PARTE BOA QUE NÃO FUNCIONA, E UMA PARTE RUIM QUE FUNCIONA SEMPRE.**

Não se julga uma lei por suas intenções, mas por seus resultados.

Mas nada é tão ruim que não possa piorar.

Em maio de 2019, uma decisão liminar do ministro Fachin,[156] do Supremo Tribunal Federal — tomada em resposta a um pedido de habeas corpus movido pela Defensoria Pública do Espírito Santo, e que teve seus efeitos estendidos para outros estados, inclusive o Rio de Janeiro —, determinou que, quando a lotação dos abrigos de internação de menores chegar a 119% — ninguém sabe de onde veio esse número —, os menores infratores que excederem esse percentual devem ser transferidos para outras unidades ou liberados para o regime domiciliar.

Mas, em vários estados, como o Rio, a superlotação é geral — como resultado da batalha incessante dos ativistas contra a construção de mais vagas. Os menores, então, deveriam ser liberados para ir "para casa".

No dia 6 de agosto de 2019, o jornal O Globo informava:[157]

Decisão do STF liberou 542 menores infratores desde junho, entre eles estupradores e homicidas

> Após decisão liminar (provisória) do ministro Edson Fachin, do Supremo Tribunal Federal (STF), de liberar adolescentes infratores que estejam em unidades de internação superlotadas, 542 jovens já deixaram centros do Degase (Departamento de Ações Socioeducativas) na cidade do Rio.
>
> Entre eles, nove estavam cumprindo medidas socioeducativas por homicídio, seis por latrocínio (roubo seguindo de morte), cinco por estupro de vulnerável, dois por feminicídio e quatro por tortura. O levantamento foi feito pelo GLOBO com base em uma tabela de dados do Ministério Público do Rio (MPRJ).

No dia 16 de outubro do mesmo ano, o mesmo jornal estampava, em outra manchete,[158] as consequências daquela decisão:

Adolescente que matou PM em assalto a ônibus foi beneficiado por liminar de Fachin

> Um adolescente de 15 anos, beneficiado pela liminar do ministro Edson Fachin, do Supremo Tribunal Federal — que determinou a libertação de todos os adolescentes internados em unidades onde houvesse superlotação —, matou a facadas o cabo reformado da Polícia Militar Silvio Moreira da Silva, de 53 anos. O crime aconteceu no dia 18 de setembro. O policial reagiu a um assalto que acontecia no ônibus em que estava, no Rocha, Zona Norte do Rio, e foi atacado pelas costas. Na fuga, o adolescente de 15 anos e Maicon Regheti Pinto da Silva, de 22 anos, sequestraram um taxista, mas acabaram detidos por policiais militares da Unidade de Polícia Pacificadora (UPP) do Jacarezinho.

> O adolescente estava entre os 618 jovens que foram colocados em liberdade assistida ou internação domiciliar, em cumprimento à decisão do ministro Fachin. Ele estava internado no Cense Ilha por roubo à mão armada e foi liberado em 6 de junho passado. Novamente apreendido, ele retornou à unidade, mas fugiu no último dia 14.

A despeito dessas consequências, pouco mais de um ano depois, em agosto de 2020, a 2ª Turma do STF determinou em julgamento final que a lotação das unidades de internação deveria ser limitada a 100% de sua capacidade máxima nominal, sem possibilidade de superlotação em qualquer percentual.[159]

Nada é tão ruim que não possa piorar.
A situação das vagas para internação de menores infratores é igual ou pior do que a situação das vagas no sistema prisional para criminosos adultos. Graças ao trabalho ideológico incessante do ecossistema de ONGs, parlamentares e "ativistas", construir novas unidades para internação de menores é tarefa quase impossível.
O resultado já é conhecido: superlotação, seguida por gritos de indignação das ONGs, parlamentares e ativistas, seguidos de medidas judiciais para liberação de criminosos e menores infratores.
A receita é sempre a mesma.
Como o público não recebe as informações necessárias para entender o que se passa, somos todos presas fáceis do discurso ideológico embrulhado em juridiquês.
Como não temos "lugar de fala", não há espaço, nas decisões tomadas pelos poderosos, para a nossa indignação de cidadãos comuns, trabalhadores, pais e mães que temem pela segurança e pela vida de seus filhos.
A última novidade dos poderosos é a Central de Vagas. Conforme explica um magistrado:[160]

> O novo regramento [...] estabelece uma pontuação para jovens em conflito com a lei obedecendo a critérios como a gravidade do fato e o seu antecedente. Sempre que houver a aplicação de uma medida de internação, o juiz ou juíza responsável fará essa graduação, que servirá de parâmetro para determinar quem deve entrar ou sair de uma unidade no caso de não haver vagas.

O que o magistrado está descrevendo, em outras palavras, é um sistema de milhagem do crime. Quanto mais crimes o menor comete, mais pontos ele acumula. Só será internado quem tiver acumulado uma quantidade suficiente de pontos.

Na tabela divulgada pelos criadores da Central de Vagas no Rio, o crime de estupro vale 30 pontos, homicídio vale 50 e tráfico de drogas — considerado como um crime menor, claro — vale apenas 10 pontos.

Imagine contar a uma família que acaba de passar horas debaixo da mira de armas apontadas por adolescentes em conflito com a lei que seus algozes, apesar de terem sido prontamente capturados pela polícia, não sofrerão nenhuma medida restritiva de liberdade — nem sequer serão internados —, porque ainda não acumularam pontos suficientes.

Mas é isso mesmo que vai acontecer.

O grau abissal de contaminação ideológica, descolamento da realidade e alienação moral que caracteriza o tratamento do assunto segurança pública pode ser medido pela votação que aconteceu na Assembleia Legislativa do Estado do Rio de Janeiro, na quinta-feira 29 de agosto de 2019. Nesse dia, foi votado o Projeto de Lei 940/2019, de autoria das deputadas Dani Monteiro e Mônica Francisco, ambas do PSOL.

O projeto pretendia obrigar órgãos do governo do estado e empresas que a ele prestam serviço a oferecer vagas de emprego priorizando jovens que tenham cometido delitos.

Explique esse projeto a um jovem pobre, morador de uma favela, que tenta sobreviver estudando e trabalhando honestamente, sem nunca ter feito nada de errado em sua vida.

Nos dias de sol, minha rua em Copacabana vira palco de guerra. Bandos de assaltantes, maiores e menores, passam o dia à caça de vítimas.

"Se ao menos o governo desse uma boa educação", diz um amigo, observando a cena.

Eu respondo assim:

Eu mostro os jovens que trabalham nos bares, restaurantes e lojas da rua, os entregadores de delivery nas bicicletas e os que vendem água mineral e cerveja na praia.

A CONSTRUÇÃO DA MALDADE

Eles vieram dos mesmos lugares e tiveram a mesma educação que os assaltantes.

A diferença entre eles?

A escolha.

A HISTÓRIA DE FELIPE CAFFÉ E LIANA FRIEDENBACH

Liana, de 16 anos, e Felipe, de 19 anos, eram um casal de namorados que decidiu passar um fim de semana acampando na floresta de uma área isolada de Embu-Guaçu, na região metropolitana de São Paulo — um local que não conheciam —, sem o conhecimento dos pais, no dia 1º de novembro de 2003.

Roberto Aparecido Alves Cardoso, menor infrator conhecido como "Champinha", e Paulo César da Silva Marques, o "Pernambuco", seguiam para pescar na região quando viram o casal e decidiram roubar os estudantes. Como não conseguiram dinheiro, os criminosos decidiram sequestrar as vítimas. Com a ajuda de comparsas, mantiveram o casal preso em casebres da região.

Nesse período, todos os criminosos abusaram sexualmente de Liana de forma quase ininterrupta. De acordo com o laudo pericial e depoimento do menor, Pernambuco matou Felipe com um tiro na nuca, no domingo 2 de novembro, e em seguida fugiu para São Paulo. Três dias depois, na madrugada de 5 de novembro, Champinha levou Liana até um matagal, deu um forte golpe com um facão no pescoço da vítima, esfaqueou-a várias vezes e tentou degolá-la. Para finalizar, golpeou a cabeça da estudante com o lado sem fio do facão, gerando um traumatismo craniano fatal na vítima.

Assim como aconteceu com Felipe, o corpo de Liana ficou abandonado na mata.

Os corpos dos dois namorados foram encontrados no dia 10 de novembro.

Champinha e seus comparsas foram presos dias depois. Champinha, por ser menor de idade, foi encaminhado para uma unidade da Fundação Casa, em São Paulo.

Desarmamento moral

Leis de "desarmamento" não funcionam porque criminosos, por definição, não obedecem a leis.

Já existem leis proibindo homicídios, por exemplo. E o Brasil já chegou a ter 65 mil de seus cidadãos assassinados em um ano. Proibir o porte de armas não impede criminosos de obtê-las e usá-las. É óbvio. Uma proibição como essa só dificulta a vida do cidadão honesto que precisa defender sua vida, sua família ou sua propriedade.

Então por que alguém insiste em uma ideia tão absurda? Porque é muito mais fácil criar uma lei sem sentido como essa — maravilhosamente apropriada para o exercício de populismo ideológico — do que enfrentar o verdadeiro problema: a necessidade de reforma do sistema de Justiça Criminal.

Leis "antiarmas" servem para criar e alimentar a narrativa fantasiosa de que só precisamos "abaixar as armas e nos entender" e tudo vai dar certo. As imagens dessa fantasia já são conhecidas: autoridades chamam a mídia para filmar tratores passando por cima de meia dúzia de espingardas velhas e enferrujadas. "Estamos destruindo armas", declaram os políticos, emocionados, às câmeras de TV. "Entregue sua arma", eles pedem.

O que pode haver de errado com isso?

Tudo.

Primeiro, mais uma vez, caracteriza-se o combate ao crime como uma disputa entre dois lados moralmente equivalentes, que precisam "se entender". Mas é lógico que, na realidade, um dos lados é ocupado pelos cidadãos de bem — auxiliados, quando possível, pela polícia e pela Justiça — e o outro, por criminosos sem nenhuma barreira moral. A expectativa de que esses criminosos entregarão suas armas porque os cidadãos de bem o fizeram é, na melhor hipótese, uma expressão de ingenuidade infantil.

Não acredito na melhor hipótese.

Um pouco de raciocínio lógico mostraria que, na verdade, **O "DESARMAMENTO" DA POPULAÇÃO TEM EFEITO CONTRÁRIO AO PRETENDIDO: OS CRIMINOSOS FICAM MAIS OUSADOS E AGRESSIVOS AO SABER QUE O CIDADÃO COMUM NÃO TEM COMO SE DEFENDER.**

E foi exatamente isso que aconteceu. Marcelo Rocha Monteiro conta que, nos anos 1970 e 1980 — quando a posse de armas por cidadãos ainda não tinha sido demonizada e ter uma arma em casa era um fato comum —, os criminosos que atuavam nas cidades litorâneas do estado de São Paulo preferiam atacar casas vazias. Depois do "desarmamento", a preferência dos bandidos se inverteu: certos de que a maioria dos cidadãos estava indefessa, passaram a preferir a invasão de casas ocupadas, agredindo os moradores para que revelassem onde estavam os bens de valor e cometendo outros crimes, como estupros e homicídios.

A certeza da impunidade e da inexistência de qualquer reação armada leva a ousadia do bandido brasileiro ao extremo. Em agosto de 2018, homens armados de fuzil assaltaram a filial do restaurante Cervantes na Barra da Tijuca.[161] O assalto ocorreu às 22h30 de um sábado, quando o restaurante estava lotado. Nas imagens gravadas pelas câmeras é possível ver, em muitos momentos, um dos assaltantes caminhando entre as mesas e recolhendo dinheiro e joias, em absoluta tranquilidade. Ele sabia que a probabilidade de uma daquelas pessoas ter uma arma era mínima.

Criminosos são bem informados; eles sabem quando é criada uma lei que os beneficia.

Os criminosos que assaltaram o Cervantes com fuzis, se forem presos e julgados, provavelmente serão condenados, em média, a 6 anos e oito meses de prisão. Após cumprir 40% da pena, eles terão direito à "progressão de regime" e sairão da cadeia. É isso. Quem coloca uma arma na sua cabeça, e quase mata você, fica menos de 3 anos realmente preso. Depois volta para as ruas sem supervisão alguma.

Esses são os nossos problemas. É com eles que os legisladores, pagos com nossos impostos, deveriam gastar seu tempo, e não com leis populistas absurdas e ineficientes, cuja única finalidade é conseguir votos dos desinformados.

E beneficiar os bandidos.

Os traficantes dos morros cariocas não entregaram um único fuzil em obediência ao "estatuto".

O coronel Fabio Cajueiro faz uma estimativa estarrecedora.

No município do Rio de Janeiro há aproximadamente 1.400 favelas.

Imagine que existam fuzis em metade desses locais: dividindo 1.400 por 2 chegamos a 700 favelas. Vamos estimar uma média de cinco fuzis por favela: 700 multiplicado por 5 resulta no total de 3.500 fuzis nas favelas do Rio.

O preço pago atualmente pelo narcotráfico para adquirir um fuzil de contrabandistas é de 75.000 reais. Multiplicando esse valor pelos 3.500 fuzis, chega-se a uma estimativa de 262 milhões de reais em armamentos. Adicionando-se o valor da munição e do estoque de armas leves em poder dos traficantes, é razoável estimar o valor total do arsenal do narcotráfico carioca em meio bilhão de reais.

Meio bilhão.

Esse é um atestado de nulidade do Estatuto do Desarmamento.

Em julho de 2020 — na mesma época em que o STF suspendeu as operações policiais nas favelas do Rio — a polícia fluminense estimou que existiriam 56.600 criminosos armados com armas de grosso calibre nas favelas do Rio[162] — um número que supera o efetivo total da Polícia Militar, que contava, na mesma época, com 44 mil policiais (dos quais apenas 22 mil trabalham realmente na atividade fim de enfretamento do crime).

Essa é uma demonstração da total ineficácia do "estatuto".

O ESTATUTO DO DESARMAMENTO, NA VERDADE, É UM ATESTADO DA INCAPACIDADE DOS POLÍTICOS BRASILEIROS DE LIDAR COM O CRIME.

O Estatuto do Desarmamento é um exemplo de pornografia legislativa populista.

O direito ao porte de armas não significa obrigação de portar armas. Há muitas pessoas boas fazendo essa confusão, achando que, garantido o direito à legítima defesa armada, qualquer discussão vai virar tiroteio.

Na verdade, explicam instrutores de tiro, a tendência de um cidadão armado e bem treinado é justamente o contrário disso: ciente de que dispõe de um meio letal de autodefesa e das consequências graves do seu uso, o cidadão armado procura fugir de confusões e de confrontos.

Mas que jornal entrevistaria instrutores de tiro quando existem tantos sociólogos ou antropólogos disponíveis para falar sobre armas?

Segundo uma pesquisa feita pela organização Small Arms Survey (SAS)[163], da Suíça, os Estados Unidos têm uma taxa de armamento civil de 120 armas para cada 100 habitantes. Ou seja, os EUA têm mais de uma arma para cada cidadão. Mas quem morou lá — como eu — sabe que o crime, como sofremos no Brasil, é praticamente desconhecido.

Mike é um policial aposentado de uma cidade pequena na Califórnia e meu amigo. Em toda a sua carreira, ele me contou que sacou a arma uma única vez — e não precisou atirar.

A essa altura da discussão, alguém diria: "Mas a cultura aqui no Brasil é diferente" — óbvio que é.

==**"O BRASILEIRO MÉDIO NÃO TEM MATURIDADE PARA PORTAR ARMA." É CLARO QUE NÃO TEM. OS ÚNICOS QUE TÊM MATURIDADE SUFICIENTE PARA PORTAR ARMAS SÃO OS SEQUESTRADORES, OS ASSALTANTES, OS ESTUPRADORES E OS TRAFICANTES.**==

A cultura do Brasil tem origem na cultura portuguesa. Como será que Brasil e Portugal se comparam em termos de armas e crime? Os dados[164] falam por si. Na verdade, os dados gritam.

Em 2017, Portugal tinha 21,3 armas por 100 habitantes, mais que o dobro do Brasil, que tinha 8,3 armas por 100 habitantes. Segundo o raciocínio da mídia e dos "especialistas", a taxa de homicídios de Portugal deveria ser mais alta que a taxa de homicídios do Brasil, certo?

Em 2017, a taxa de homicídios do Brasil foi de 31,6 homicídios por 100 mil habitantes (um recorde). Naquele mesmo ano, a taxa de homicídios de Portugal foi de 0,7 (zero vírgula sete).

Apesar de ter menos que a metade do número de armas em mãos de civis, a taxa de homicídios do Brasil foi 42 vezes maior que a taxa de Portugal.

Em 2017, Portugal teve 76 homicídios.

Em 2017, o Brasil teve 65.602 homicídios.

	PORTUGAL	BRASIL
Armas por 100 habitantes	21,3	8,3
Número de homicídios	76	65.602
Homicídios por 100 mil habitantes	0.7	31,6

A imprensa mente descaradamente quando o assunto é armas.

Ela diz que, permitidas a posse e o porte de armas por cidadãos, essas armas vão parar nas mãos dos bandidos.

Não é verdade.

As armas dos traficantes vêm do contrabando. É o que mostram os números da polícia e da Justiça Criminal. Todo policial com um mínimo de experiência sabe que a maioria das armas usadas pelos criminosos brasileiros — de fuzis de assalto a pistolas — é comprada e importada legalmente por países da América do Sul, como o Paraguai — que faz a importação legal através dos portos brasileiros. Do Paraguai ou de outros países essas armas voltam ao Brasil ilegalmente para serem vendidas às facções criminosas. "Pistolas 9mm, fuzis 762, morteiros e munições traçantes atravessam o Rio Paraná ou mesmo a fronteira seca de Pedro Juan Caballero e Ponta Porã para chegar às mãos do PCC, em São Paulo, e dos líderes do tráfico nas favelas do Rio de Janeiro", diz o delegado de Polícia Federal, Alessandro Maciel Lopes,[165] que completa: "Pistolas Glock e fuzis Bushmaster, adquiridos regularmente em Montevidéu, são levados para a fronteira. Aí, servem de moeda de troca para a compra de cocaína vinda de Porto Alegre". Armas fabricadas por empresas brasileiras são exportadas do Paraguai para o Brasil sem nenhuma documentação, gerando lucro elevado.[166]

Esses fatos são amplamente conhecidos. Uma matéria da revista Época, de agosto de 2019, assinada pelo excelente jornalista Giampaolo Braga, informa que de 48.656 armas apreendidas no período de 3 anos e meio pela polícia do Rio, apenas onze tinham sido compradas legalmente por cidadãos de bem e depois desviadas para os criminosos.[167] Isso corresponde a 0,022% das armas apreendidas.

Mas a realidade é irrelevante.

O que importa é demonizar o direito à legítima defesa armada, ao mesmo tempo em que os bandidos são glorificados, o tráfico de drogas é justificado a polícia, impedida de agir.

O resultado dessa receita, o brasileiro sente na pele todos os dias.

No mundo moderno, concordamos em dar ao Estado o monopólio da aplicação da Justiça Criminal. **SÓ O ESTADO TEM O PODER E O DEVER DE JULGAR E PUNIR O**

CRIMINOSO. E ISSO *NADA* TEM A VER COM A LEGÍTIMA DEFESA ARMADA, QUE É UM DIREITO *INALIENÁVEL* DO CIDADÃO DE BEM.

Todo cidadão de bem tem esse direito, que pode ser exercido depois de treinamento, checagem de antecedentes criminais e exame de sanidade mental.

Repetindo: a legítima defesa armada é direito inalienável do cidadão de bem.

Não é razoável criar uma burocracia imensa e todo tipo de dificuldades para que o cidadão possa exercer esse direito.

É imoral demonizar a posse e o porte de armas quando, para muitos cidadãos e em várias situações, ter e saber usar uma arma representa a única chance que o indivíduo tem de preservar a própria vida e a de seus entes queridos.

É uma covardia — ideologicamente motivada — criar uma legislação que garante o monopólio das armas nas mãos dos bandidos.

Mas é isso que acontece hoje no Brasil

A HISTÓRIA DE ALEXANDRE BUENO

Por volta das 22 horas da noite de 14 de fevereiro de 2016, um domingo, Alexandre Bueno, formado em física e consultor de tecnologia da informação, jogava cartas no pátio de sua casa de veraneio no balneário Jardim Atlântico, em Tramandaí, no Litoral Norte do Rio Grande do Sul. Estavam com ele outras oito pessoas, entre elas sua esposa, uma de suas filhas e a sogra.

A família Bueno viajava com frequência para o Litoral Norte. Lá se sentiam menos vulneráveis ao crime. Nascido em São Paulo, Alexandre Bueno, 51 anos, a esposa e as três filhas do casal — de 21, 19 e 16 anos — moravam há mais de duas décadas em Porto Alegre.

Segurança era uma preocupação constante quando estavam na capital. Sempre que possível, passavam períodos mais longos em Tramandaí, onde tinham uma casa havia mais de 20 anos e para onde iam todos os verões. Aquele era o lugar de paz.

Naquele domingo, a paz acabou.

Enquanto jogavam cartas na varanda de casa, Alexandre e sua família foram surpreendidos por dois homens encapuzados e armados que anunciaram um assalto. Sob a mira de armas, as vítimas foram forçadas a entrar na casa. Um dos familiares acionou o alarme de segurança. No momento em que o alarme soou, Alexandre entrou em luta com um dos bandidos, que disparou dois tiros contra ele. Os criminosos fugiram a pé pela beira da praia.

Alexandre foi encaminhado ao Hospital de Tramandaí, onde ficou internado em estado gravíssimo até a noite de segunda-feira, quando teve a morte confirmada. A família optou pela doação de órgãos. Segundo o Hospital de Tramandaí, foram captados os dois rins do paciente.

O velório de Alexandre aconteceu no crematório Cristo Rei, em São Leopoldo, às 8h30 da quarta-feira, 17 de fevereiro de 2016, seguido pela cerimônia de cremação às 11 horas do mesmo dia.

A morte violenta de Alexandre chocou os moradores da tranquila rua, onde quase todos os vizinhos eram familiares ou amigos de longa data da vítima. "Viemos para cá na década de 1970", disse um deles, que preferiu não se identificar. A violência também estragou a festa que estava prevista para a noite daquela terça-feira. Seria a comemoração do aniversário de uma das integrantes da família.

A hipótese da maldade

Por alguma razão esquisita, inexplicável, os brasileiros têm dificuldade em aceitar a existência do mal.

Talvez isso seja resultado do tempo em que vivemos sob regimes de força, com poderes de condenar, sem possibilidade de recurso, quem os contraria. Talvez seja o mesmo princípio que leva nossa sociedade a considerar o criminoso uma "vítima", alguém que foi "levado ao crime". A culpa não é dele, é da sociedade, é de todos nós.

E, no entanto, apesar de fecharmos os olhos, o fato é que o mal existe. É a classificação absoluta, irrecorrível, do comportamento de alguns seres humanos que se transformam, por motivos conhecidos às vezes só por eles mesmos, em bestas.

De nada adianta dialogar com o mal. O mal absoluto exige uma resposta absoluta. O mal absoluto não tem recuperação: ele pode ser combatido, trancafiado, isolado, destruído. Mas não poderá, jamais, ser convertido em algo bom. Essa é uma lição que a humanidade já deveria ter aprendido há muito tempo. Essa é uma lição que os brasileiros já deveriam ter aprendido há décadas, convivendo, como nós convivemos, com o mal nas ruas, debaixo de nossas janelas, em cima dos nossos morros, dentro das cadeias. O combate ao mal exige coragem. Coragem física, envolvendo coisas desagradáveis aos homens de bem: armas, violência, prisões. E coragem moral, quando é necessário dar nome aos bois, acusar e condenar com rigor, sem permitir que o mecanismo da Justiça Criminal seja usado como instrumento de ganho político, enriquecimento ilícito ou doutrinação ideológica. No Brasil temos o primeiro, mas não o segundo tipo de coragem.

Não importa o crime, destruidor, obsceno, violento, que o criminoso brasileiro tenha cometido; ele nunca ficará preso mais que alguns anos. Depois se tornará um homem livre, que nós *temos a obrigação de acolher* porque ele *pagou sua dívida com a sociedade*.

É importante refletir sobre essa última frase. Ela expressa a expectativa — ao mesmo tempo infantil, ideológica e moralmente deficiente — de que todo crime possa ser reduzido a uma contabilidade jurídica, incompreensível para os leigos, envolvendo penas mínimas, progressões de regime, remições, indultos e até *reduções de sentença por insalubridade de presídios*.[168]

Essa contabilidade tem a capacidade mágica de apagar o crime cometido dos registros históricos e morais. Com o registro do crime se vai, para sempre, a memória das vítimas.

É essa expectativa que orienta, sempre, as mudanças de um Código Penal escrito no século passado e remendado, ao longo dos anos, por defensores da tese de que criminosos são anjos caídos à espera de *ressocialização*.

É fundamental lembrar que a maioria dos nossos legisladores — inclusive os poucos que, efetivamente, participam da criação e alteração das leis penais —, além de não ter nenhuma formação em Direito, nem sequer tiveram acesso a noções das bases filosóficas e morais sobre as quais foi construída a civilização ocidental moderna, ou à vasta literatura sobre crime e punição publicada no mundo, mas que, infelizmente, ainda não chegou no Brasil.

Esses legisladores são presas fáceis do marxismo tatibitate que, misturado com o poder financeiro daqueles que exploram mercados ilegais — em especial o do narcotráfico —, criou e multiplica, sem cessar, os mitos do criminoso "vítima da sociedade", da "descriminalização" das drogas e da "abolição" das cadeias, que acabam, mais cedo ou mais tarde, virando lei.

Basta uma rápida pesquisa para verificar quem são as entidades e indivíduos que, no Brasil, controlam a produção da legislação criminal.

É, de forma clara, a vitória do mal no qual o brasileiro não acredita.

Por isso, punir o criminoso de forma proporcional à gravidade — ou à *maldade* — dos seus crimes vem se tornando, no Brasil, uma possibilidade cada vez mais remota.

Mas o mal levanta sua cabeça pestilenta todos os dias.

A HIPÓTESE DA MALDADE

Lembre-se de Isabela Nardoni, de 5 anos, que foi jogada da janela do 6º andar de um prédio pelo pai e pela madrasta, em março de 2008.* Lembre-se da menina Laura Beatriz Cardoso, de 3 anos, que morreu em abril de 2016, depois de ser espancada e estuprada.[169] Lembre-se do garoto Allan Abadia Bispo, de 14 anos, assassinado, quando ia para a escola em São Paulo, porque não tinha dinheiro para dar ao assaltante.[170] Lembre-se do criminoso de 17 anos que atirou em Giovana Victoria Ribeiro da Silva, de 7 anos, pelas costas, depois de se irritar ao encontrar apenas 7 reais no caixa da lanchonete da mãe da menina, em Jacareí.[171]

Como sempre acontece com casos de grande repercussão, esses crimes causaram indignação na sociedade e reacenderam o debate sobre a legislação penal no Brasil. Como sempre acontece no Brasil, a indignação esfriou e o debate não resultou em nada.

Vitória do mal.

Será que os autores de crimes como esses podem ser ressocializados e reintegrados à sociedade?

Onde estão os "especialistas" milagrosos que vão realizar essa tarefa?

Será que nossa vida vale tão pouco que não conseguimos punir de forma adequada os autores dessas monstruosidades?

Por que ninguém tem coragem de fazer essas perguntas?

Reze uma pequena oração por um menino indefeso.

Em junho de 2018, o menino Rhuan Maycon, de 9 anos, foi castrado pela própria mãe, que cortou seu pênis com uma faca de cozinha.

Rhuan não teve atendimento médico.

Ninguém soube do seu sofrimento: nem seus vizinhos, nem os professores da escola que frequentava, nem os membros do Conselho Tutelar.

O ECA e a Constituição Federal, com suas palavras belíssimas sobre direitos das crianças, não ofereceram ajuda alguma a Rhuan.

---

* A menina Isabella de Oliveira Nardoni, de 5 anos, foi jogada do 6º andar do edifício onde morava, em São Paulo, na noite de 29 de março de 2008. Alexandre Nardoni e Anna Carolina Jatobá, pai e madrasta da criança, foram condenados por homicídio doloso qualificado.

A CONSTRUÇÃO DA MALDADE

Um ano depois de ser castrado, Rhuan foi assassinado com onze facadas e teve a cabeça decepada enquanto ainda respirava.

As assassinas foram a própria mãe e uma amiga.

O pequeno corpo de Rhuan foi esquartejado e queimado em uma churrasqueira.

Depois, os pedaços queimados do corpo do menino foram colocados dentro de sua própria mochila escolar e abandonados em um terreno baldio.

Pela lei penal brasileira, e baseado em inúmeros precedentes, eu arrisco um palpite: nenhuma das assassinas ficará presa mais de 10 anos.

Rhuan é apenas uma das milhares de crianças vítimas de crimes obscenos. Tenho certeza de que você já ouviu falar de outras.

O que protege um cidadão comum de ser vítima de um crime é a sorte, sua inteligência, uma arma de fogo e o poder de dissuasão da Justiça Criminal do seu país.

Sorte porque os criminosos frequentemente escolhem uma vítima ao acaso. Alguém que para no sinal errado ou que cruza o caminho de um marginal. Uma vez atacado, o cidadão pode usar sua inteligência para tentar fugir ou acalmar o bandido. Se o cidadão estiver armado, ele tem a chance de eliminar a ameaça de forma rápida e definitiva. Nem sempre é preciso atirar: em alguns casos, a exibição da arma já resolve o problema.

Mas a maior proteção de um cidadão deveria ser o sistema de Justiça Criminal do seu país. É ele que inspira medo nos criminosos potenciais, faz com que eles considerem a probabilidade de serem presos e temam a sentença à qual serão condenados. Criminosos são movidos por incentivos e punições.

No Brasil, desde os anos 1980, as punições aos criminosos estão cada vez mais leves. A reforma do Código Penal e da Lei de Execução Penal foi assinada pelo ministro Abi Ackel, em 1984. Foi essa lei que deu aos criminosos brasileiros seus inúmeros "direitos", alguns inéditos no Ocidente civilizado, como a "progressão de regime", e uma inovação absoluta em direito penal em todo o mundo: o regime de prisão aberto, em que o criminoso está solto nas ruas, mas continua constando como "preso" nas estatísticas criminais.

Em 1984, eu me formava na faculdade de Engenharia, sem a mínima noção da bomba que estava sendo armada para o meu futuro — para o futuro do Brasil.

Em 1990, o Brasil viveu mais uma crise de criminalidade. A Lei dos Crimes Hediondos (8.072), aprovada naquele ano, foi uma tentativa de responder **à crise**.

A lei enumerava os crimes considerados hediondos e determinava que, nesses casos, a pena do criminoso deveria ser cumprida integralmente em regime fechado. Ou seja, o criminoso deveria ficar preso de verdade.

Em 1992, a atriz Daniella Perez foi brutalmente assassinada aos 22 anos pelo ator e colega de trabalho, Guilherme de Pádua, e por sua esposa, Paula Nogueira Thomaz, com dezoito punhaladas, que perfuraram o pescoço, pulmão e o coração da atriz. A razão foi o ciúme que Paula passou a ter de Daniella após o início das gravações da novela *De Corpo e Alma*, em que Daniella fazia par romântico com Guilherme.

Julgados e condenados por homicídio duplamente qualificado, com motivo torpe e impossibilidade de defesa da vítima, *os dois cumpriram apenas 6 dos 19 anos a que foram condenados em regime fechado.*

O crime — homicídio qualificado — não era considerado hediondo.

A mãe de Daniella, a novelista Gloria Perez, juntou 1 milhão de assinaturas na tentativa de propor uma lei que incluísse homicídio qualificado na lista de crimes hediondos. Ela conseguiu.

Durante anos, a esquerda, liderada pelo PT, tentou, de todas as formas, derrubar essa lei. Até que em 2006, três ministros do STF recém-nomeados mudaram a posição do tribunal sobre o assunto. O STF, então, considerou inconstitucional a proibição de progressão de regime para os criminosos hediondos.

Os criminosos hediondos ganharam o direito à progressão de regime após cumprir dois quintos da pena.

Isso não é tudo.

A decisão do STF foi proferida no julgamento de uma ação de habeas corpus em favor de O. de C.

---

* A indignação popular que se seguiu a esse episódio resultou na alteração da legislação penal, graças aos esforços da mãe de Daniella, Glória Perez, que encabeçou uma campanha de assinaturas e conseguiu fazer passar a primeira iniciativa popular de projeto de lei a se tornar lei efetiva na história do Brasil. https://pt.wikipedia.org/wiki/Daniella_Perez.

O. havia sido condenado por molestar sexualmente três crianças, entre 6 e 8 anos.

Desde a década de 1980, nossos intelectuais, artistas e muitos de nossos juristas, defensores públicos, promotores e juízes promovem a ideia de que a maior vítima de um crime é o criminoso e que punir "não resolve nada".

A CULTURA BRASILEIRA DECIDIU IGNORAR A EXISTÊNCIA DO MAL. O RESULTADO: EM 1980, HAVIAM OCORRIDO 12 MIL HOMICÍDIOS NO BRASIL. EM 2017, FORAM 65 MIL HOMICÍDIOS.

Em 18 de fevereiro de 2010, os jornais brasileiros publicaram a seguinte notícia:[172]

> Três anos depois de participar do assalto que resultou na morte do menino João Hélio Fernandes, de 6 anos, arrastado por 7 quilômetros em ruas de bairros da Zona Norte, Ezequiel Toledo de Lima, que na época era menor de idade e hoje tem 18 anos, ganhou a liberdade no dia 10. Temendo represálias e ameaças, que sofreu inclusive no Instituto João Luiz Alves, onde estava, ele foi morar no exterior com a família.
>
> A mãe do rapaz também teria sido ameaçada. Ezequiel conseguiu, por meio da organização não governamental Projeto Legal, embarcar para um dos países mais desenvolvidos do mundo com garantia de casa e identidade novas para recomeçar sua vida.
>
> "Nem quero ficar falando sobre este assunto, porque é algo que só nos traz lembranças dolorosas", afirmou o pai de João Hélio, Élson Vieites.
>
> Após ser preso, Ezequiel confessou participação no crime. Ele teria sido a pessoa que fechou a porta com o cinto de segurança pendurado para o lado de fora, onde João Hélio ficou preso e foi arrastado pelo carro. Na audiência do dia 10, na Vara da Infância e da Juventude, o juiz determinou que ele ingressasse no Programa de Proteção à Criança e ao Adolescente, destinado aos que estão ameaçados de morte.

A Justiça também determinou que os pais do rapaz entrassem no programa por meio do Conselho de Defesa de Direitos da Criança e do Adolescente, presidido pelo advogado C. N., diretor da ONG Projeto Legal. Procurado, N. não foi encontrado pela reportagem do jornal O Dia.

No Rio Grande do Sul, em julho de 2018, um homem espancou, jogou água sanitária, inseticida e ateou fogo na ex-namorada — que sobreviveu com graves sequelas. O criminoso foi condenado — por uma *juíza* — a apenas 7 anos e onze meses de reclusão.[173]

O criminoso já *iniciou o cumprimento da pena no regime semiaberto.*

O Brasil criou, há pouco tempo, o crime de "feminicídio". Mas para combater de verdade os assassinatos de mulheres, é preciso tratar da raiz da crise de criminalidade do Brasil: a impunidade. É uma crise que já dura décadas e matou milhões de brasileiros nesse período — pessoas de todos os sexos, idades, etnias e crenças. O criminoso brasileiro não discrimina.

A impunidade, raiz dessa crise monstruosa, é resultado da destruição ideológica do sistema de Justiça Criminal. Essa destruição é promovida por um *consórcio do mal*, formado pela extrema esquerda, pelo narcotráfico e por organizações de apoio a bandidos infiltradas em *todas* as instituições do Estado e da sociedade.

O "consórcio" movimenta fortunas. Para entender a destruição causada por essa turma, pense nisto: **O BRASIL É O PAÍS ONDE O ESTUPRADOR TEM DIREITO À "VISITA ÍNTIMA" NA PRISÃO.**
UM PAÍS COM UMA LEI ASSIM NÃO TEM RESPEITO ALGUM POR SUAS MULHERES.

A *única* proteção efetiva para as mulheres — e para crianças, idosos e todas as pessoas — é uma lei penal decente, que puna o criminoso de forma proporcional ao crime.

O Brasil não tem isso.

A imprensa — com raras e corajosas exceções — mantém um caso de amor bandido com o tráfico. É uma síndrome de Estocolmo que nem a tortura e o assassinato do jornalista Tim Lopes conseguiu mudar.

Tim foi sequestrado por traficantes, levado para uma favela, torturado e morto. Isso aconteceu em 2002.

No dia 28 de agosto de 2007 — 5 anos após o crime —, o jornal *Extra* publicava a seguinte matéria:[174]

> **Torturador de Tim Lopes sai da prisão e não volta**
>
> Um dos sete condenados pela morte do jornalista Tim Lopes, da TV Globo, fugiu do Instituto Penal Edgar Costa, em Niterói, no dia 10 de julho. Elizeu Felício de Souza, o Zeu, hoje com 27 anos, foi beneficiado pela progressão de regime, do fechado para o semiaberto, deixou Bangu III no dia 12 de fevereiro, teve uma passagem pelo Instituto Penal Benjamin de Moraes Filho, em Bangu, e foi para o Edgar Costa, em Niterói. Lá, *na primeira vez que conseguiu o direito da Visita Periódica ao Lar (VPL), saiu do presídio e não voltou* [...] Zeu foi preso em junho de 2002 e condenado a 23 anos e seis meses de prisão em regime fechado em 2005.

No dia 28 de maio de 2010 o site G1 noticiava:[175]

> **Condenado por morte de Tim Lopes obtém regime semiaberto e foge**
>
> No dia 7 de fevereiro, Ângelo Ferreira da Silva saiu pela porta da frente do presídio Vicente Piragibe, em Bangu, na Zona Oeste do Rio. Ele deixou a cadeia supostamente para trabalhar e não voltou mais. Ele teve o direito de ir para a rua depois de conseguir a progressão de regime, um benefício que pode ser concedido a presos que já cumpriram um sexto da pena.
>
> Ângelo, condenado a 15 anos de prisão, confessou que estava no carro que transportou Tim Lopes para a Favela da Grota, onde ele foi executado, em 2002.
>
> Em julho de 2007, Elizeu Ferreira de Souza, o Zeu, condenado a 23 anos e seis meses pela morte do jornalista, também aproveitou o benefício para fugir. Foi ele quem comprou a gasolina usada para queimar o corpo de Tim Lopes.

No dia 17 de setembro de 2017, uma guerra estourou no Rio de Janeiro. Uma guerra entre traficantes de drogas. O traficante Antônio Francisco Bonfim Lopes, o Nem, líder do tráfico na Favela da Rocinha, determinou que Rogério Avelino dos Santos, o Rogério 157, seu sucessor no comando do tráfico, entregasse a chefia da comunidade ao traficante Perninha. Rogério 157, porém, não acatou a ordem e começou a eliminar os apoiadores de Nem. O resultado foi um racha na facção Amigo dos Amigos (ADA) na Rocinha. Esse foi o início da guerra.

O que tinham em comum, além de pertencer à mesma facção, os três traficantes protagonistas dessa guerra? *Todos já haviam sido presos pela Polícia Militar do Estado do Rio de Janeiro.*

Vale a pena conhecer essa história.

Sete anos antes, no dia 21 de agosto de 2010, um sábado, às 6h30, traficantes da Favela da Rocinha, armados com fuzis, granadas e pistolas, entraram em confronto com a polícia. Durante a fuga, dez criminosos invadiram o Hotel Intercontinental, em São Conrado, localizado ao lado da favela, fazendo 35 reféns, entre hóspedes e funcionários.

O grupo era encabeçado por Rogério 157, então um dos seguranças de Nem, já chefe do tráfico da Rocinha. São os mesmos personagens da guerra de 2017.

O sequestro do Hotel Intercontinental durou 3 horas. Diante da superioridade das forças policiais, os bandidos se renderam, foram presos em flagrante e denunciados por cárcere privado, sequestro, associação para o tráfico, porte de arma e resistência à prisão. Dois dias depois, vários deles foram para o presídio federal de Porto Velho, em Rondônia.

A invasão ao Hotel Intercontinental teve tanta repercussão — inclusive internacional — que contribuiu para que, pouco mais de um ano depois, em novembro de 2011, a Rocinha e o Vidigal fossem ocupadas pelas Forças Armadas e pela polícia. Durante o cerco às favelas, Nem foi encontrado no porta-malas de um Toyota Corolla, na Lagoa, tentando fugir, e foi preso.

Repetindo: tanto Rogério 157 quanto Nem foram presos pelas forças de segurança.

Entretanto, apenas três meses depois da prisão de Nem, o tráfico da Rocinha comemorou uma vitória: uma liminar, concedida pelos três desembargadores da 7ª Câmara Criminal do Tribunal de Justiça do Rio, libertou os invasores do hotel por estouro de prazo para a conclusão da instrução criminal do processo.

CRIMINOSOS PERIGOSOS, PRESOS EM FLAGRANTE APÓS INVADIREM UM HOTEL ARMADOS COM FUZIS, FORAM POSTOS EM LIBERDADE POR DECISÃO DA JUSTIÇA POR *ESTOURO DE PRAZO PELA PRÓPRIA JUSTIÇA.*

A invasão do Hotel Intercontinental — um ato de quase terrorismo — ocorreu em 2010. Em 2017, o jornal *O Globo* informava que "apenas três daqueles dez traficantes estão presos".[176]

Um coronel da Polícia Militar do Rio de Janeiro, que prefere não se identificar, comenta:

> Tenho uma opinião muito particular sobre o que fez a segurança pública do Rio de Janeiro — e, cada vez mais, do Brasil — ter se transformado, em certos lugares e momentos, em um conflito urbano armado de baixa intensidade.
>
> Estou convicto de que isso se deve à presença das armas de guerra, que surgiram a partir do fim da década de 1990. Isso não é mera suposição. Sou um policial militar que testemunhou o fenômeno. Falo como alguém que passou pela experiência sensível e viu o fuzil mudar tudo.
>
> Ou implantamos na legislação uma sanção BRUTAL ao uso de armas de guerra por criminosos ou nada vai mudar. Nosso destino, nosso futuro, será neofeudal, como escreveu o coronel Alessandro Visacro, do Exército brasileiro.

Ao mesmo tempo em que se torna cada vez mais leniente com o crime violento, o Brasil ensina desde cedo às suas crianças que o trabalho é uma coisa ruim.

Nos EUA, jovens — mesmo os de classe média — trabalham desde cedo em lanchonetes, lojas, livrarias, piscinas e praias (como salva-vidas) e em inúmeras outras ocupações.

Nas universidades, boa parte dos empregados é de estudantes da própria universidade.

Esse é um mecanismo essencial de formação pessoal, moral e profissional.

Desde cedo, os jovens aprendem a respeitar horários e superiores, descobrem como resolver problemas e são treinados a atender bem os clientes, ao mesmo tempo em que adquirem noções de ética e aprendem a valorizar o dinheiro.

No Brasil, o trabalho de jovens é proibido ou tão regulamento e burocratizado que o efeito é quase igual ao da proibição.

Se um pai levar o próprio filho para aprender seu ofício em seu escritório, oficina ou banca de jornais, ele pode ser processado criminalmente.

A ESQUERDA PASSOU DÉCADAS DEMONIZANDO O TRABALHO E ESTIMULANDO A DEPENDÊNCIA DO ESTADO.

O RESULTADO É UM PAÍS QUE REPETE QUE "TRABALHO INFANTIL É CRIME", MAS QUE ACHA NORMAL CRIANÇAS DE 6 ANOS MENDIGANDO na rua ou adolescentes que "acessam renda" — já ouviu essa expressão? —, trabalhando para traficantes.

A retomada do Brasil passa pela redescoberta da importância do trabalho para todos, de acordo com sua capacidade, vontade e necessidade.

O que deve ser feito

A crise de criminalidade do Brasil é produto da impunidade. A impunidade, por sua vez, tem duas raízes. A primeira é a incapacidade do sistema de Justiça Criminal de impedir os crimes e identificar, prender e manter presos os criminosos depois que o crime foi cometido.

A segunda raiz é uma legislação penal criada com base na ideologia do criminoso "vítima da sociedade" e nas ideias absurdas de pensadores radicais e extremistas, sem nenhum compromisso com a realidade.

A resposta a isso pode ser resumida em três "P"s:

- Reforma da Legislação Penal;
- Retomada dos Presídios;
- Reestruturação da Polícia.

Essa estratégia funciona como um tripé: ou cuidamos das três pernas, ou a mudança não vai se sustentar.

A primeira linha de ação é a mudança da legislação penal.

A segunda é um aumento significativo da capacidade e melhoria das condições dos presídios, para que eles possam receber a imensa quantidade de criminosos que hoje perambulam pelas ruas, com a dignidade e respeito adequados a um criminoso. O número de "vagas" disponíveis no sistema prisional precisa ser dobrado ou triplicado, em um grande esforço nacional.

A terceira é a reestruturação da polícia, com foco na prevenção e na resolução de crimes, aumentando sua eficiência e poder de combate à criminalidade.

Embora o objetivo principal da estratégia deva ser o combate ao crime violento, a reforma da legislação penal deveria tornar mais difícil também a vida dos criminosos de colarinho branco e até daqueles que cometem crimes usando uma farda policial.

Reformar nosso sistema de Justiça Criminal deve ser a prioridade nacional absoluta. O primeiro passo é disseminar as ideias corretas e desmascarar os farsantes travestidos de "especialistas" de segurança: os sociólogos, antropólogos, "cientistas sociais", professores de História e políticos da extrema esquerda, eleitos pela mídia como porta-vozes da sociedade, que ganham a vida — alguns deles, recebendo remuneração em dólar — disseminando lixo ideológico e promovendo a justificação do crime como instrumento de "justiça social".

O passo seguinte é reunir, na sociedade, poder e recursos para enfrentar os interesses corporativistas de todos aqueles que faturam muito, de todas as formas, com a criminalidade sem fim. Esses interesses trabalham noite e dia para manter tudo como está — comprando a mídia, aparelhando e ideologizando o Judiciário e pressionando o Executivo e o Congresso com ações de lobby.

É da sociedade — e de seus líderes — que virá a força para levar adiante as muitas alternativas existentes para lidar com o problema do crime. Não podemos esperar que essa liderança venha dos políticos. A maioria dos nossos homens públicos está em campanha eleitoral permanente. As soluções que eles gostam são aquelas que dão manchetes ou gordas licitações. Políticos brasileiros raramente falam de crime por mais que dez minutos e, em geral, resumem seu discurso à promessa de mais recursos para comprar "armas e viaturas" para a polícia ou a planos para levar "educação, esporte e saúde" à "população carente".

Mas o combate ao crime se faz com os instrumentos do sistema de Justiça Criminal. Para tirar o país da crise de criminalidade, não é necessário resolver todos os problemas do Brasil. Quem acha necessário melhorar a educação no Brasil, deveria trabalhar para isso. Quem acha que a prática de esportes é fundamental para a sociedade, deveria engajar-se nessa causa, ajudar a construir quadras esportivas, ser voluntário em programas de esporte comunitário. Quem considera a saúde pública precária, deveria estudar como ela funciona, promover discussões sobre a questão, mobilizar seus representantes. Mas essas não são questões de segurança pública; cuidar delas não torna desnecessária a punição de criminosos. E mais importante de tudo: não é preciso resolver essas questões para enfrentar — e vencer — a crise de criminalidade do Brasil.

Como foi mostrado neste livro, há inúmeros países em que esses problemas são tão graves ou piores que no Brasil, e onde os índices de crimes violentos são uma fração dos nossos.

A certeza e a severidade da punição para quem comete um crime formam a base do sistema de segurança de uma nação.

Ao aceitarmos como verdade o discurso contra a punição de criminosos — punição que, às vezes, pode significar mantê-los na prisão por muito tempo ou até por toda a vida —, não resolvemos nenhum dos problemas sociais e econômicos. Apenas garantimos que bandidos sejam tratados de forma leviana e superficial, permitindo que cometam novos crimes e dando à sociedade mais um exemplo de que a lei e a moral são conceitos relativos.

Esse relativismo moral é defendido por dez entre cada dez "especialistas" de segurança da grande mídia. Ele foi expresso de forma bizarra e assustadora na declaração de uma "filósofa" carioca que afirmou ser "a favor do assalto".[177] Ele ecoa nas palavras de uma jornalista que, em um artigo no jornal O Globo — no qual descreve, de forma romântica e simpática aos bandidos, um crime do qual foi vítima —, que disse: "Comemorei que o assalto deu certo".[178]

RELATIVISMO MORAL MATA.

As correções a serem feitas em nossas instituições são óbvias. O Estado precisa policiar as ruas e impedir que os criminosos possam agir; deve investigar os crimes e identificar seus autores; encaminhar o processo para julgamento e julgar os réus com justiça, rapidez e eficiência; se culpados, condená-los a penas adequadas para que não representem mais uma ameaça à sociedade e para desestimular futuros criminosos; e se condenados, mantê-los presos por tempo suficiente, com o isolamento, disciplina e restrição de direitos que uma sentença de prisão impõe em qualquer democracia ocidental.

É preciso redesenhar a organização, reestruturar os processos e implantar tecnologia moderna no trabalho policial, com ênfase especial nas funções de registro de ocorrências, atendimento às vítimas e investigações criminais. É preciso discutir o ciclo completo de policiamento e substituir o modelo atual de inquérito policial por procedimentos modernos e sem burocracia — as polícias dos EUA podem ser um exemplo — para que investigações possam ser concluídas com rapidez e qualidade.

Os códigos Penal e de Processo Penal e a Lei de Execução Penal precisam ser revisados para acabar com os absurdos e alinhar a legislação com a realidade. **PRECISAMOS DE SENTENÇAS DURAS, APLICADAS COM RAPIDEZ E CONSISTÊNCIA. A IDEOLOGIA PRECISA FICAR DE FORA DOS TRIBUNAIS.**

É óbvio que alguns criminosos não são recuperáveis, ou são autores de crimes tão abomináveis que devem ser punidos com prisão por toda a vida — a sociedade simplesmente não aceita mais conviver com indivíduos como esses. Isso nada tem de desumano; é apenas uma consequência direta do princípio da responsabilidade individual e do direito da comunidade de preservar sua segurança. Os políticos e os juristas precisam reconhecer essa realidade.

A legislação penal deve servir para proteger a sociedade, e não para satisfazer "operadores do direito" e entidades de classe, alimentar estéreis debates acadêmicos, disseminar ideologias revolucionárias ou enriquecer advogados.

Essas mudanças ainda esperam por políticos corajosos e legisladores sensatos.

É preciso coragem para admitir que o modelo atual não funciona. É preciso que a voz dos cidadãos se levante e fale mais alto que a voz dos interesses escusos que impedem as mudanças. É preciso um esforço nacional, do mesmo tipo que acabou com a inflação, para acabar com o massacre de inocentes e com a ditadura do crime que nos espera na esquina, escurecendo nossa vida e esmagando nossos sonhos.

Para enfrentar a crise de criminalidade, sem ideologia e com real preocupação com os direitos humanos, é preciso, entre outras coisas:

- A transformação das audiências de custódia em audiências de instrução do processo, nas quais sejam ouvidas também a vítima, as testemunhas e os policiais;
- O fim da "progressão de regime" e sua substituição por livramento condicional, depois de cumprida a maior parte da sentença e sujeito à avaliação de uma junta de especialistas;
- Cumprimento integral da pena e fim de todos os benefícios para criminosos hediondos;
- Fim do Auxílio-Reclusão;
- Fim das saidinhas em feriados;

- Fim da "visita íntima";
- Fim dos limites de tempo de isolamento para presos perigosos;
- Contato do preso com advogado apenas através de interfone, com gravação de todas as conversas;
- Fim da "remição de pena por leitura";
- Fim do limite de tempo de prisão;
- Pena mínima de 40 anos em regime fechado para o terceiro crime violento com resultado morte;
- Fim da maioridade penal. O juiz decide se o criminoso já tem ou não discernimento suficiente para ser julgado como adulto;
- Reforma do ECA e da Lei do Sinase.

É preciso criar um Cadastro Nacional de Criminosos Sexuais.

Ao cometer um crime sexual, o criminoso deveria entrar em um cadastro nacional e não sair nunca mais. O acesso ao cadastro deveria ser público. O criminoso seria monitorado por toda a vida, após cumprir sua pena. Toda vez que mudar de residência, ele precisaria comunicar à polícia, que informaria aos moradores da região para onde ele se mudou. Criminosos sexuais ficariam proibidos de exercer certas profissões, como trabalho em escolas, creches e hospitais.

É assim que protegemos as mulheres e as crianças. Com bom senso e coragem moral.

Os cidadãos brasileiros precisam ser informados sobre uma questão fundamental à sua sobrevivência e à própria existência do Brasil como nação livre e democrática. Essa questão — raramente discutida — deve ter ficado evidente na exposição feita neste livro: é o papel pouco relevante que o voto tem na definição das políticas de segurança pública e no tratamento do crime e do criminoso. **A SURPREENDENTE VERDADE É QUE "VOTAR CERTO"** — a recomendação que o brasileiro ouve desde sempre — **TEM POUCO EFEITO SOBRE A REALIDADE DA SEGURANÇA PÚBLICA.** É fácil entender por quê.

O papel do Poder Executivo na definição das políticas de segurança pública é cada vez menor. Prefeitos, em sua maioria, não querem e nem conseguem ter qualquer envolvimento com segurança pública. Governadores e presidentes controlam diretamente as forças policiais estaduais e federais do país e administram os presídios, e não há dúvida de que a polícia e o sistema prisional são elementos fundamentais. Entretanto, esses dois elementos estão submetidos ao controle quase total de instituições formadas por agentes não eleitos, que chegaram a posições de poder através de concurso público ou indicação. Esses agentes desfrutam de uma liberdade de ação — a independência funcional — que os mantém livres de responder a qualquer clamor popular, inclusive e, principalmente, aqueles expressos através do voto. Esses servidores públicos de carreira — membros do Ministério Público, da Defensoria e do Judiciário — influenciam cada vez mais no pensamento, na elaboração e na implantação de estratégias e operações de segurança, ocupando um espaço que, nas nações livres, democráticas e republicanas, deveria ser dos poderes eleitos: o Executivo e o Legislativo. Isso poderia ser discutido apenas como uma questão de princípios; se o mecanismo de representação popular através do voto é quebrado, desmonta-se o eixo principal da democracia, e as aspirações e a vontade da sociedade, expressas na urna, são ignoradas. Instaura-se o governo dos não eleitos.

Mas a questão vai além da ameaça a esse princípio fundamental.

A impressão que se tem formado nos últimos anos, e que inúmeros exemplos dados neste livro parecem comprovar, é que, cada vez mais, esses agentes independentes assumem posições alinhadas com uma visão ideológica que minimiza, ou mesmo despreza, a importância da punição a criminosos e da repressão ao crime, em flagrante conflito com o sentimento da maioria dos brasileiros.

Nessa disputa, o Poder Executivo é a parte mais fraca, e quase sempre é derrotado.

Ainda resta o Poder Legislativo, pode-se argumentar. Afinal, todo o sistema de Justiça Criminal funciona regido por leis. Mas o Poder Legislativo é composto de membros temporários — são mandatos de 4 anos (deputados federais) ou 8 anos (senadores) — que, em sua maioria, não sabem o básico sobre segurança e combate ao crime, desconhecem o processo legislativo e, em geral, têm pouco interesse em falar de polícia, criminosos e cadeias. A missão de produzir as leis penais fica nas mãos de uma minoria de legisladores, que tende, por várias razões, a seguir a mesma orientação ideológica hegemônica entre os agentes independentes.

E assim foi montado o mecanismo que mantém o Brasil preso em uma eterna crise de criminalidade. Ele funciona desta forma:

O eleitor vota em candidatos que defendem seu ponto de vista — que prometem o enfrentamento do crime com endurecimento das leis, mais eficiência policial e cadeias mais amplas e seguras —, e esses candidatos são eleitos e assumem cargos no Executivo e Legislativo.

Os eleitos para o Executivo logo se descobrem de mãos atadas. Pouco podem fazer. Às dificuldades impostas pela legislação se somam as restrições criadas pelos poderes não eleitos: se a polícia prender mais, a legislação e a jurisprudência soltam; não é possível construir novas cadeias porque o processo de liberação de verbas é complicado e demorado, e as exigências construtivas inviabilizam projetos; qualquer ação na área de segurança é difícil, arriscada e gera imediatamente reações e publicidade negativa. É melhor não fazer nada.

Os eleitos para o Legislativo descobrem que mexer na legislação penal é mexer em um vespeiro construído em cima de uma casa de maribondos apoiada em um ninho de cobras, e logo se veem diante de duas opções: a primeira é escolher pautas mais fofas, como projetos de esporte, incentivos culturais ou criação de benefícios sociais. A segunda é limitar sua atuação a repetir meia dúzia de frases feitas na tribuna e nas entrevistas.

E, assim, o voto do cidadão que deseja mais segurança vai para o lixo.

"Votar certo" não basta.

No dia 30 de janeiro de 2019, às 14 horas, cheguei ao prédio do Ministério da Justiça, em Brasília, para uma reunião. Eu havia organizado e agendado o encontro de uma comitiva de deputados recém-eleitos* com o então ministro da Justiça, Sergio Moro,** com o objetivo de pedir o endurecimento da legislação penal.

Dentro da minha mochila, levava o texto de um projeto de lei com esse objetivo, que eu havia elaborado junto com Marcelo Rocha Monteiro e nosso amigo em comum, o advogado Leonardo Fiad.

Logo no início da reunião, entreguei ao ministro Moro o texto do projeto. O ministro folheou o documento sem comentar. No final, anunciou que na

---

* Estavam presentes à reunião os deputados Marcel Van Hattem, Alexis Fonteyne, Paulo Ganime, Vinícius Poit, Lucas Gonzales e Tiago Mitraud — eleitos pelo Novo —, Kim Kataguiri, Luiz Lima, Bia Kicis, Carla Zambelli e meu amigo Maurizio Spinelli.

** Uma parte da reunião foi registrada em vídeo, disponível em: https://youtu.be/Qu0oYdsKgI4

segunda-feira seguinte já estaria encaminhando ao Congresso uma nova legislação, que ficaria conhecida como Pacote Anticrime.

O texto do projeto que eu entreguei ao ministro pode ser encontrado no meu site: https://www.robertobmotta.com.br/projetos.

> O crime violento, especialmente após o fim dos anos 1960, foi um dos problemas domésticos mais significativos do país. Além do movimento pelos direitos civis, da campanha pelos direitos das mulheres e das mudanças estruturais na economia, é difícil pensar em um fenômeno que tenha um efeito mais profundo na vida dos cidadãos no último terço do século XX. Depois de 1965, o crime cresceu a tal ponto que assustou as pessoas e provocou alterações significativas nos comportamentos cotidianos e até mesmo no estilo de vida. O risco de ser assaltado tornou-se um fator importante a ser considerado quando as pessoas escolhiam suas casas e escolas, seus trajetos diários e suas atividades de lazer. Em algumas áreas urbanas, as pessoas tinham medo de sair de casa a qualquer hora do dia ou da noite, até para ir ao supermercado. Durante o pior da onda de crimes pós-1960, os cidadãos passavam parte de cada dia literalmente olhando para trás para ver se alguém se aproximava.

O texto acima foi alterado para eliminar referências ao local onde se passa a história. Você consegue adivinhar que país foi esse que mergulhou tão fundo em uma crise de criminalidade?

Esse país é os Estados Unidos.[179]

Hoje, a taxa de homicídios dos EUA equivale a um sexto da taxa brasileira.

Uma das razões principais da redução do crime violento nos EUA foi a reconstituição do sistema de Justiça Criminal.[180] O enfrentamento sério do crime violento tem custos que precisam ser reconhecidos, como diz Barry Latzer:[181]

> Índices de encarceramento elevado entre as minorias [...] assim como aumento de despesas, pagas pelo contribuinte, com a construção e manutenção de penitenciárias e aumento do efetivo policial e de outras entidades de Justiça Criminal, contribuíram para o alto

preço pago pelo encarceramento dos criminosos. Mas, se formos comparar a devastação produzida pelas enormes taxas de crime das décadas anteriores a 1995 — os homicídios, ferimentos e destruição de propriedade das vítimas de crimes; o impacto negativo na economia das zonas urbanas; o medo e o terror, especialmente nas grandes cidades e bairros de minorias; para não falar da devastação produzida pela "geração da cocaína" —, é pouco provável que o custo da reconstrução do sistema de Justiça tenha sido maior que o terrível preço da falha em agir agressivamente.

A HISTÓRIA DE LUCAS BARRETO

No dia 4 de janeiro de 2018 o site G1 noticiava:[182]

> **Jovem é assassinado enquanto esperava carro de aplicativo de carona em São Cristóvão**
>
> Rapaz morreu após sair do metrô, ao ser abordado por dupla de assaltantes.
> O atendente de livraria Lucas Barreto dos Santos de Oliveira Reis, de 21 anos, foi assassinado na quarta-feira (3) após uma tentativa de assalto na Avenida Radial Oeste, em São Cristóvão, Zona Norte do Rio.

Lucas morou em Copacabana grande parte de sua vida e havia se mudado recentemente para o Méier, na Zona Norte do Rio. Uma foto dele postada on-line mostra um rapaz magro, de cabelo curto, sentado na areia de uma praia, com o mar ao fundo e um enorme sorriso no rosto. Fazia 2 anos que Lucas frequentava a Igreja Nossa Senhora da Paz, em Ipanema, onde era membro do grupo de jovens católicos. O padre Jorjão, como é conhecido pelos fiéis, declarou aos jornais que Lucas era um rapaz feliz. Seu sonho era ser comissário de bordo.

Lucas voltava do trabalho quando foi atacado pelos criminosos. As investigações logo revelaram que ele foi assassinado por causa de um celular. A polícia também descobriu que um de seus assassinos era menor de idade.

Chovia no dia em que Lucas foi morto. Sua mãe chegou a oferecer carona ao filho, mas Lucas recusou para que ela não saísse sozinha de carro.

Lucas foi enterrado na manhã da sexta-feira, 5 de janeiro de 2018, no Cemitério São João Batista, em Botafogo. Três meses depois, às 22h25 de uma quarta-feira, eu me deparei com este texto, postado por sua mãe em uma rede social:

Madrugada chuvosa como a três meses atrás. A tristeza e a dor são maiores a cada dia. Meu filho você vive em cada batida do meu coração, mas não poder te abraçar, não sentir seu cheiro, não ver seu sorriso, nem ouvir sua voz... você não voltou para casa é um vazio.

Como faço para entender que um menino do bem como você, que não tinha medo de na madrugada junto com os amigos distribuir quentinhas para moradores de rua, que animava os corações de idosos, enfermos, crianças.

Como entender que você teve sua vida tirada por um menor que protegido por leis e estatutos vergonhosos não me permitem sequer citar o nome, tão pouco publicar uma foto, um menor que já tinha algumas passagens. Como entender que um juiz determine como pena que esse menor tenha que estudar e se apresentar à noite para dormir num centro para menores.

Não consigo aceitar nem entender, mas fico me perguntando será que esse juiz já teve um filho ou um neto assassinado por um menor? Será que ele consegue dormir a noite? Por que eu só durmo a base de remédios e fico me perguntando quantas vidas mais esse menor vai tirar? Quantos filhos precisarão morrer nas mãos desses verdadeiros monstros protegidos por uma justiça falida, hipócrita e injusta?

Posfácio

A viagem de volta

Fui fazer uma apresentação em um evento em Campinas, em junho de 2018. Falei sobre segurança pública, meu assunto preferido.

Na apresentação — que durou pouco menos de uma hora, e que já tinha feito por todo o país —, contei histórias de vítimas, expliquei que crime é escolha e que não existe "ressocialização".

Não é o Estado que convence o bandido a se regenerar. É o criminoso que precisa decidir mudar de vida.

O evento aconteceu no auditório de um hotel. O local estava lotado, com mais de 200 pessoas.

Acabou a palestra, desci do palco e fui beber um gole de água.

O técnico que cuidava do som me chamou em um canto.

"Isso que o senhor falou aconteceu comigo", ele disse.

"Isso o quê?", perguntei.

Então, ele — Marcos era seu nome — me explicou.

"Meu irmão roubou uma moto", ele disse. "Quando descobrimos, fomos falar com a vítima."

Ele falava baixo, emocionado.

"Somos gente decente. Pegamos um empréstimo para comprar uma moto nova para o rapaz que foi roubado."

Eu olhava para ele sem saber o que dizer.

"Depois, cuidamos do meu irmão", ele completou. "Hoje é uma pessoa honesta, um pai de família."

Isso aconteceu no auditório de um hotel em Campinas, em junho de 2018.

A CONSTRUÇÃO DA MALDADE

Mas jamais esqueci — ou vou esquecer — essa história.

**CRIME NÃO É QUESTÃO DE ESCOLA.
CRIME É QUESTÃO DE ESCOLHA.**

A HISTÓRIA DE PEDRO

Ninguém sabia o sobrenome dele; só conheciam seu primeiro nome: Pedro. Ele teria entre 30 e 40 anos e morava nas ruas de Porto Alegre. Seus bens eram poucos: duas mudas de roupa, um cobertor amarelo, outro com estampas orientais, uma lata de biscoitos onde guardava comida e um gorro do Inter, seu time de futebol. Quem conversasse com ele não descobriria quase nada: apenas que havia perdido a mulher e o filho — se tinha sido em um acidente trágico, ou se foram levados por alguma doença, ele não dizia. "Fiz muita coisa errada na vida", ele completava, encerrando o assunto.

O dia 16 de novembro de 2016 era um típico dia de primavera em Porto Alegre, quente e ensolarado. Mas a cidade vivia tempos difíceis. Dois dias antes, em 14 de novembro, o site da Rádio Gaúcha tinha publicado a seguinte matéria:[183]

> **Homem morto na Redenção é o 31º latrocínio de Porto Alegre em 2016**
> Vítima teria defendido irmã e amiga e foi atingida por facada no peito.
>
> Porto Alegre registrou no final da noite de domingo o 31º latrocínio do ano em pleno Parque da Redenção. O vendedor Luiz Fernando Schilling, 29 anos, foi morto após ser esfaqueado por volta das 23 horas, quando saía de um show nas proximidades.

[...] Schilling, a irmã e uma amiga foram abordados por criminosos armados com faca. O vendedor teria reagido e acabou esfaqueado no peito. Segundo informações do Hospital de Pronto-Socorro (HPS), a vítima entrou ferida na instituição às 23h21 e morreu às 23h40.

[...] De acordo com o levantamento da planilha de assassinatos do *Diário Gaúcho*, esse é o 31º latrocínio do ano em Porto Alegre. No mesmo período de 2015, o número de vítimas era dezoito — um aumento de 72%.

Naquele dia de calor, enquanto a cidade se preparava para encerrar mais um dia de trabalho, Pedro procurava um lugar para dormir. Um pouco antes das 19 horas, ele ajeitou seus pertences no lado ímpar da Rua Avaí, debaixo da marquise de uma loja fechada, quase na esquina com a Avenida João Pessoa. Ele conhecia a região; tomava banho todos os dias em uma garagem próxima. Era um lugar movimentado, cercado por muitos bares e faculdades e, portanto, mais seguro. Pedro se acomodou na calçada e esperou aquilo que todos os que moram na rua esperam: uma ajuda de algum passante, um pouco de comida e, quem sabe, a chance de uma noite mais ou menos tranquila para dormir um sono com poucas interrupções e sobressaltos. De onde estava, ele podia ver, do outro lado da avenida, as grandes árvores e a fachada imponente da Faculdade de Direito da Universidade Federal do Rio Grande do Sul.

Era naquela faculdade que estudavam Henrique, 23 anos, e sua namorada, Géssica, da mesma idade. Ao mesmo tempo em que Pedro se preparava para passar a noite na calçada, Henrique e Géssica saíam da casa onde ela morava com os pais, na Rua General Lima e Silva, a pouco mais de duas quadras dali. Iriam para a faculdade.

Henrique e Géssica seguiram pela Rua General Lima e Silva, viraram à direita na Avenida Loureiro da Silva e entraram na Rua Avaí. Deveria ser um trajeto tranquilo, ao qual já estavam acostumados. Nesse pequeno percurso, o casal passou em frente a mais de uma dezena de bares e restaurantes, todos lotados naquele dia abafado.

Os dois caminhavam de mãos dadas, pensando nas coisas em que pensam os namorados. Já estavam no meio da Rua Avaí; provavelmente já conseguiam ver ao longe, por cima das árvores, o domo vermelho da Faculdade de Direito. Em menos de cinco minutos estariam na aula.

Nesse momento, dois homens se aproximaram do casal, armados com grandes facas. Agressivos, os homens exigiram dinheiro, xingando e ameaçando o casal com as facas.

As ruas estavam cheias naquele momento. Fazia calor; os bares estavam lotados; a faculdade era ali ao lado. Muitas pessoas devem ter visto o que acontecia.

Em suas casas, os pais de Henrique e de Géssica aguardavam o retorno dos filhos, assim como milhões de pais brasileiros aguardam, todos os dias, o retorno dos próprios filhos. Mas alguns desses filhos não retornam nunca.

Talvez isso tivesse passado pela cabeça do casal.

Não há como saber ao certo.

O que sabemos é isto: pouco depois que os assaltantes abordaram o casal, surgiu um homem, armado apenas com um pedaço de pau e coragem, que partiu para cima dos criminosos. Atônitos, intimidados pelo homem, e despreparados para qualquer reação, os criminosos fugiram.

O homem com o pedaço de pau na mão era Pedro.

Afastado o perigo, Pedro acompanhou o casal até que entrassem pelo portão da faculdade.

"Já fiz muita coisa errada na vida", ele diria mais tarde, quando explicava por que tinha se arriscado para salvar a vida de dois estranhos. "Agora quero fazer apenas o certo."

No dia seguinte, o pai de Henrique postou este texto em uma rede social:

> O herói anônimo que salvou meu filho e minha nora se chama Pedro, 30 anos, morador de rua. Não possui bens materiais, mas é dono de uma dignidade que o dinheiro não pode comprar. Não fosse ele, hoje eu talvez estivesse chorando

POSFÁCIO

a perda de um filho por conta da violência, do descaso do poder público e do garantismo caolho. Tive a honra, agora pela manhã, de apertar a mão do Pedro e agradecer-lhe a dádiva que ele me deu, a integridade física de meu filho. Pedro, és um herói! Obrigado!

Acompanhando a postagem havia a foto de um homem magro, aparentando uns 30 anos, sorridente, sentado em meio a cobertores e mantas, fazendo um sinal de hang loose com a mão direita e usando um gorro do Inter na cabeça.

Bibliografia

ALVES-MARREIROS, Adriano, organizador. Guerra à Polícia: Reflexões sobre a ADPF 635. Editora EDA, 2021.

Anuário sobre Mercados Ilícitos Transnacionais. Fiesp, 2017.

BLOCK, Walter. Rumo a Uma Sociedade Libertária. LVM, 2018.

CARPES, Bruno. O Mito do Encarceramento em Massa. Editora EDA, 2021, p.35

GONÇALVES, Fellipe. Filosofia e Revolução em Segurança Pública. Giostri, 2018.

HOFSTEDE, *Geert. Cultures and Organizations: Software of the Mind. McGraw Hill*, 3ª edição, 2010.

LATZER, Barry. The Rise and Fall of Violent Crime in America. Encounter Books, 2017.

LUDWIG, José Fernando; BARROS, Luciano Stremel, organizadores. (Re)Definições das Fronteiras – Visões Interdisciplinares. Juruá Editora, 2016.

NORTH, Douglass. Institutions, Institutional Change and Economic Performance. Cambridge University Press, 1990.

PIOVEZAN, C.; BRIGUET, P.; TAVARES NETO, C.; MONGENSTERN, F.; LINS GRILLO, L.; ROCHA MONTEIRO, M.; CZELUSNIAK, M.; FREYESLEBEN, M.; GRECO, R.; SPONHOLZ, S., Inquérito do Fim do Mundo. E.D.A, 2020.

PESSI, Diego e GIARDIN, Leonardo. Bandidolatria e Democídio. Resistência Cultura, 2017.

Revista Jurídica de Combate à Impunidade, vol. 1, julho de 2019. Movimento de Combate à Impunidade.

SAMENOW, Stanton. A Mente Criminosa. Vide Editorial, setembro de 2020.

SHIKIDA, Pery Francisco Assis; BORILLI, Salete Polonia. Crime Econômico no Paraná: Um Estudo de Caso. Revista Análise Econômica, ano 24, n. 46, Faculdade de Ciências Econômicas da UFRGS, setembro de 2006. Disponível em https://seer.ufrgs.br/AnaliseEconomica/article/view/10858/6451.

SOWELL, Thomas. Economia Básica Volume I. Alta Books, 2018.

_____, Economia Básica Volume II. Alta Books, 2018.

_____, Os Intelectuais e a Sociedade. É Realizações, 2011.

_____, The Thomas Sowell Reader. Basic Books, 2011.

TERRA, Carlos; TERRA, Marion. Traídos Pela Obediência. Editora Viseu, 2019. Versão Kindle.

Agradecimentos

Este livro não teria sido possível sem a ajuda, a orientação, a amizade e a generosidade de um número enorme de pessoas que fazem do combate ao crime e da busca por justiça sua missão de vida. A lista abaixo é necessariamente incompleta.

Eu agradeço:

À cabo Lilian Gonçalves, ao sargento Bruno Azeredo Lima, aos majores Douglas, Nhary, Peres e Ramos, aos capitães Coque, Curvello, Creveld, Gabriel, Hora, Machado e Rosemberg, ao tenente França, ao tenente-coronel Maurílio Nunes, aos coronéis Amaral, Aristeu Leonardo, Fabio Cajueiro, Fellipe Gonçalves, França, Freitas, Mário Sergio Duarte, Ricardo Arlem, Renê e ao ex-secretário coronel Rogério Figueredo, todos da Polícia Militar do Estado do Rio de Janeiro;

Aos policiais Marcio Garcia, Alexandre Chaves e Luis Fernando de Castro Saldanha, aos delegados Fabrício Oliveira e Rafael Barcia, ao comandante Adonis Lopes de Oliveira e ao secretário Alan Turnowski, todos da Polícia Civil do Estado do Rio de Janeiro;

Aos capitães Derritte e Topalian, ao major Jaime e ao tenente Santini, todos da Polícia Militar do Estado de São Paulo;

Ao coronel Adriano Klafke da Brigada Militar do Rio Grande do Sul;

Aos procuradores de justiça Adriano Alves Marreiro, Fabio Costa Pereira, Flávia Ferrer, Marcelo Rocha Monteiro e Silvio Munhoz;

Aos promotores de justiça Carmen Eliza, Debora Balzan, Diego Pessi, Leonardo Giardin e Bruno Carpes;

Aos professores Pery Shikida e João Henrique Martins;

Aos juízes Alexandre Abrahão, Ludmilla Lins Grilo, Mirian Castro Neves e Yedda Ching San Filizzola Assunção;

A Gabriela Arraes, André Nunes, Gustavo Maultasch e Lucho Andreotti;

Ao gigante Zeca Borges, *in memorian*;

Ao general Richard Nunes, pelo apoio, pela confiança, pela coragem e por seu serviço ao país;

A toda a equipe que trabalhou comigo na transição da Segurança Pública do Rio de Janeiro em novembro e dezembro de 2018, em especial a Roberto Ventriglia e Hélio Figueiredo Filho;

A Leonardo Fiad, querido amigo, pela leitura atenta do texto;

E ao coronel da Polícia Militar do Rio de Janeiro, Alberto Pinheiro Neto, que me deu o conselho mais precioso, quando eu mais precisava.

É necessário dizer que minha gratidão a essas pessoas e a menção de seus nomes não significa que endossem minhas posições ou concordem com as opiniões expressas neste livro.

Notas

1. Atlas da Violência 2020, https://www.ipea.gov.br/atlasviolencia/arquivos/artigos/5929-atlasviolencia2020relatoriofinalcorrigido.pdf

2. Banco Mundial, https://data.worldbank.org/indicator/VC.IHR.PSRC.P5

3. Documento Visão Brasil 2030, da McKinsey

4. Dados de 2018, Banco Mundial, https://data.worldbank.org/indicator/VC.IHR.PSRC.P5

5. Atlas da Violência 2018, https://www.ipea.gov.br/atlasviolencia/arquivos/artigos/6831-atlasmunicipios2018comp.pdf

6. Atlas da Violência 2018, https://www.ipea.gov.br/atlasviolencia/arquivos/artigos/6831-atlasmunicipios2018comp.pdf

7. Diagnóstico da Investigação de Homicídios no Brasil, Estratégia Nacional de Segurança Pública do Conselho Nacional do Ministério Público, 2012.

8. Barry Latzer, *The Rise and Fall of Violent Crime in America*. Encounter Books, 2017, p.223

9. https://jornal.usp.br/atualidades/cerca-de-63-mil-pessoas-desapareceram-no-ultimo-ano-no-brasil-como-reagem-as-familias/

10. Fórum Brasileiro de Segurança Pública, Anuário 2017, Tabela 17, Crimes violentos não letais contra o patrimônio, https://extra.globo.com/casos-de-policia/estado-do-rio-registra-53-roubos-para-cada-inquerito-solucionado-pela-policia-civil-21515201.html

11. https://oglobo.globo.com/economia/emprego/empreendedorismo-quase-60-das-empresas-fecham-as-portas-em-cinco-anos-24045448

12. BECKER, G. S. Crime and punishment: an economic approach. Journal of political economy. v. 76, n. 01. 1968. p. 169-217. Fonte: Apresentação de Fábio Costa Pereira, Procurador de Justiça do Estado do Rio Grande do Sul, no seminário Segurança Pública Como Direito Fundamental, no MPRJ em 15 de Setembro de 2017

13. http://g1.globo.com/rio-de-janeiro/noticia/2016/05/justica-do-rio-condena-28-anos-assassinos-de-estudante-da-ufrj.html

14. https://g1.globo.com/sp/sao-paulo/noticia/2020/03/07/detenta-trans-suzy-ja-recebeu-234-cartas-apos-reportagem-do-fantastico-diz-secretaria-de-sp.ghtml

15. https://www.metropoles.chttps://g1.globo.com/sp/sao-paulo/noticia/2020/03/07/detenta-trans-suzy-ja-recebeu-234-cartas-apos-reportagem-do-fantastico-diz-secretaria-de-sp.ghtmlom/brasil/tia-de-suzy-detalha-casos-de-abusos-cometidos-pela-transexual

16. Thomas Sowell, *The Thomas Sowell Reader*, Basic Books, 2011, p. 55, 59 e 80.

17. "Lei de Execução Penal, artigo 112: A pena privativa de liberdade será executada em forma progressiva com a transferência para regime menos rigoroso, a ser determinada pelo juiz, quando o preso tiver cumprido ao menos:

I - 16% (dezesseis por cento) da pena, se o apenado for primário e o crime tiver sido cometido sem violência à pessoa ou grave ameaça;

II - 20% (vinte por cento) da pena, se o apenado for reincidente em crime cometido sem violência à pessoa ou grave ameaça;

III - 25% (vinte e cinco por cento) da pena, se o apenado for primário e o crime tiver sido cometido com violência à pessoa ou grave ameaça;

IV - 30% (trinta por cento) da pena, se o apenado for reincidente em crime cometido com violência à pessoa ou grave ameaça;

V - 40% (quarenta por cento) da pena, se o apenado for condenado pela prática de crime hediondo ou equiparado, se for primário;

VI - 50% (cinquenta por cento) da pena, se o apenado for:

a) condenado pela prática de crime hediondo ou equiparado, com resultado morte, se for primário, vedado o livramento condicional;

b) condenado por exercer o comando, individual ou coletivo, de organização criminosa estruturada para a prática de crime hediondo ou equiparado; ou

c) condenado pela prática do crime de constituição de milícia privada;

VII - 60% (sessenta por cento) da pena, se o apenado for reincidente na prática de crime hediondo ou equiparado;

VIII - 70% (setenta por cento) da pena, se o apenado for reincidente em crime hediondo ou equiparado com resultado morte, vedado o livramento condicional.

18. Carpes, Bruno. *O Mito do Encarceramento em Massa*. Editora EDA, 2021, p.35

19. https://g1.globo.com/rio-de-janeiro/noticia/audiencias-de-custodia-soltaram-61-dos-presos-em-flagrante-no-rio-no-primeiro-trimestre-de-2017.ghtml

20. http://www.planalto.gov.br/ccivil_03/decreto/d0678.htm e http://www.planalto.gov.br/ccivil_03/decreto/d0678.htm

21. Carpes, Bruno. *O Mito do Encarceramento em Massa*. Editora EDA, 2021, p.91

22. Guerra à Polícia: Reflexões Sobre a ADPF 635, organização de Adriano Alves-Marreiros. Editora EDA, 2021, p.20.

23. Carpes, Bruno. *O Mito do Encarceramento em Massa*. Editora EDA, 2021, p.86

24. Revista Jurídica de Combate à Impunidade, vol 1, julho de 2019, do Movimento de Combate à Impunidade, p. 101

25. Revista Jurídica de Combate à Impunidade, vol 1, julho de 2019, do Movimento de Combate à Impunidade, p. 104

26. Carpes, Bruno. *O Mito do Encarceramento em Massa*. Editora EDA, 2021, p.88

27. https://www.gazetadopovo.com.br/vida-e-cidadania/quem-george-soros-financia-no-brasil

28. https://www.conectas.org/noticias/entenda-as-razoes-que-levaram-o-stf-a-regular-operacoes-policiais-em-favelas-do-rio

29. https://g1.globo.com/rj/rio-de-janeiro/noticia/2020/06/05/fachin-proibe-operacoes-em-favelas-do-rio-durante-a-pandemia.ghtml

30. Guerra à Polícia: Reflexões Sobre a ADPF 635, organização de Adriano Alves-Marreiros, Editora EDA, 2021, p.22

31. Guerra à Polícia: Reflexões Sobre a ADPF 635, organização de Adriano Alves-Marreiros, Editora EDA, 2021, p.25

32. Guerra à Polícia: Reflexões Sobre a ADPF 635, organização de Adriano Alves-Marreiros, Editora EDA, 2021, p.141

33. https://odia.ig.com.br/rio-de-janeiro/2021/06/6169420-lideres-do-trafico-de-oito-estados-migram-para-o-rio-diz-policia.html

34. Revista Jurídica de Combate à Impunidade, vol 1, julho de 2019, do Movimento de Combate à Impunidade, p. 64

35. https://www.atribunarj.com.br/pm-tira-faixa-colocada-pelo-trafico-em-maria-paula/

36. https://oglobo.globo.com/rio/bairros/faixa-proibindo-carro-roubado-ou-clonado-pendurada-em-sao-goncalo-24249721

37. https://www1.folha.uol.com.br/cotidiano/2021/12/pcc-proibe-empinar-moto-na-periferia-de-sp-e-espanca-quem-desobedece-veja-video.shtml

38. https://www1.folha.uol.com.br/fsp/cotidian/ff1412200421.htm

39. https://www2.senado.leg.br/bdsf/bitstream/handle/id/69224/noticia.htm?sequence=1

40. https://www.metropoles.com/distrito-federal/condenada-pela-morte-de-maria-claudia-delisola-e-copeira-do-gdf

41. *On Killing: The Psychological Cost of Learning to Kill in War and Society*, Open Road Media, 2014

42. https://oglobo.globo.com/opiniao/artigo-acao-interestadual-contra-crime-23777123

43. Terra, Carlos; Terra, Marion. Traídos Pela Obediência, Editora Viseu, 2019. Versão Kindle.

44. https://noticiasdatv.uol.com.br/noticia/televisao/daniela-lima-rebate-criticas-por-discurso-sobre-operacao-em-jacarezinho-distorcao-57096

45. https://twitter.com/DanielaLima_/status/1391016748342784007?s=20

46. A Guerra Urbana do Rio de Janeiro e seus efeitos na Polícia Militar de 1994 a 2017, coronel. PM Cajueiro, trabalho apresentado no seminário Violência Urbana, realizado em abril de 2018 no auditório do Ministério Público do Estado do Rio de Janeiro

47. Fonte: apresentação do Coronel PMERJ Fábio Cajueiro da Comissão de Análise da Vitimização Policial da PMERJ, apresentada no Seminário Violência Urbana do MPRJ em 27 de abril de 2018. Fontes originais: PMERJ/EMG/EGO, PMERJ/EMG/PM1, PMERJ/EMG/EI, ISP, USA Congressional Research Service CRS Report RL 32492 e US Veteran Statistics.

48. Fonte: coronel PMERJ Fábio Cajueiro.

49. Fonte: coronel PMERJ Fábio Cajueiro.

50. Marcio Colmerauer, *O Pássaro de Ferro*. Editora Record, 2015.

51. Artigo de Rodrigo Garcia Vilardi, oficial da Polícia Militar do Estado de São Paulo, doutor em direito penal pela Universidade de São Paulo e vice-diretor do Instituto Superior de Ciências Policiais da Associação dos Oficiais Militares do Estado de São Paulo em Defesa da Polícia Militar. https://site.defendapm.org.br/homicidios-em-baixa-letalidade-policial-recorde-e-a-nociva-venda-de-gatos-por-lebres/

52. Veja, por exemplo, este relatório: https://www.gov.br/depen/pt-br/assuntos/noticias/depen-divulga-nota-tecnica-sobre-acesso-a-saude-no-sistema-prisional

53. http://portal.mec.gov.br/component/tags/tag/privados-de-liberdade

54. http://oglobo.globo.com/brasil/previdencia-paga-valor-recorde-em-auxilio-reclusao-7805762.

55. Niall Ferguson, *The Great Degeneration*. Penguin Press, 2013, p.105.

56. A.C. Grayling, *Ideas That Matter:The Concepts That Shape The 21st Century*. Basic Books, 2010, pp. 293-296.

57. "A Nation of Jailbirds". The Economist, 4 de abril de 2009, p. 40.

58. Barry Latzer, *The Rise and Fall of Violent Crime in America*. Encounter Books, 2017, p.232

59. Thomas Sowell, *Basic Economics*. Basic Books, Fifth Edition, p. 447.

60. Barry Latzer, *Ascenção e Queda do Crime Violento*. Encounter Books, p. 120

61. https://pricetheory.uchicago.edu/levitt/Papers/LevittTheEffectOfPrison1996.pdf

62. Ravenous wolves revisited: a systematic review of offending concentration. Natalie N. Martinez, YongJei Lee, John E. Eck & SooHyun O, disponível em: https://link.springer.com/article/10.1186/s40163-017-0072-2

63. Barry Latzer, *Ascensão e Queda do Crime Violento na América*. Encounter Books, 2017, p. 100

64. Carpes, Bruno. *O Mito do Encarceramento em Massa*. Editora EDA, 2021, p.90.

65. Barry Latzer, *The Rise and Fall of Violent Crime in America*. Encounter Books, 2017, p.140

66. Barry Latzer, *The Rise and Fall of Violent Crime in America*. Encounter Books, 2016, p. 225

67. Barry Latzer, *The Rise and Fall of Violent Crime in America*. Encounter Books, 2017, p.231.

68. Barry Latzer. *The Rise and Fall of Violent Crime in America*. Encounter Books, 2017, p.232

69. Marcelo Freixo, "Prisão é um mau negócio". O Globo, 7 de fevereiro de 2014, http://oglobo.globo.com/opiniao/prisao-um-mau-negocio-11528564#ixzz2skSX0ba9.

70. Infopen 2017

71. World Prison Brief, dados de maio de 2021, http://www.prisonstudies.org/

72. "No Brasil Há 500 Mil Mandados de Prisão Não Cumpridos". O Globo, http://oglobo.globo.com/brasil/no-brasil-ha-500-mil-mandados-de-prisao-nao-cumpridos-3882705

73. Diagnóstico da Investigação de Homicídios no Brasil, Estratégia Nacional de Segurança Pública do Conselho Nacional do Ministério Público, 2012.

74. Infopen 2017, www.prisonstudies.org

75. https://noticias.uol.com.br/ultimas-noticias/agencia-estado/2017/10/30/eu-choro-todos-os-dias-afirma-mae-de-vitima-no-rio.htm

76. https://blogs.oglobo.globo.com/marina-caruso/post/brasil-soma-mais-de-um-milhao-de-homicidios-em-vinte-anos.html

77. Carpes, Bruno. *O Mito do Encarceramento em Massa*. Editora EDA, 2021.

78. https://carceraria.org.br/agenda-nacional-pelo-desencarceramento

79. Carpes, Bruno. *O Mito do Encarceramento em Massa*. Editora EDA, 2021, p.61

80. Carpes, Bruno. *O Mito do Encarceramento em Massa*. Editora EDA, 2021, p.61

81. https://static.poder360.com.br/2017/12/mercados-ilicitos.pdf

82. https://www.hojeemdia.com.br/primeiro-plano/investimentos-de-r-66-bilh%C3%B5es-em-copa-e-olimp%C3%ADada-contribu%C3%ADram-pouco-para-avan%C3%A7o-do-pa%C3%ADs-1.381036

83. KATZ, L.; LEVITT, S. D.; SHUSTOROVICH, E. Prison conditions, capital punishment, and deterrence. American Law and Economics Review vol. 5 n. 2, 2003, pp.318-343

84. https://cesecseguranca.com.br/entrevista/julita-lemgruber-a-miguel-conde-a-prisao-e-cara-cruel-e-ineficaz/

85. https://noticias.uol.com.br/cotidiano/ultimas-noticias/2017/01/13/um-presidio-por-faccao-rio-faz-divisao-informal-de-presos-para-evitar-confrontos.htm

86. Crime Econômico no Paraná: Um Estudo de Caso. Salete Polonia Borilli, Pery Francisco Assis Shikida. https://seer.ufrgs.br/AnaliseEconomica/article/view/10858

87. Stanton Samenow, Inside The Criminal Mind, Kindle edition, p.275

88. https://odia.ig.com.br/brasil/2021/06/6170761-caso-lazaro-serial-killer-do-df-fez-curso-de-empatia-na-prisao-e-recebeu-atestado-de-bom-comportamento.html

89. https://gauchazh.clicrbs.com.br/colunistas/humberto-trezzi/noticia/2020/10/judiciario-soltou-cerca-de-60-mil-presos-como-precaucao-contra-covid-19-ckgryqav9o01v012t01hbjuw6.html

90. https://www.conjur.com.br/2021-jan-28/13-presos-soltos-epidemia-cometeu-crime-mp-mg

91. "Esfaqueada por ladrão, mãe correu para evitar que filha fosse atropelada". *O Dia*, 15 de julho de 2016, http://odia.ig.com.br/rio-de-janeiro/2016-07-15/mulher--que-morreu-esfaqueada-ainda-correu-para-salvar-a-filha-de-atropelamento.html,. Parte do crime foi registrado em vídeo, disponível em https://www.youtube.com/watch?v=0j47Jbl5zWA.

92. Revista Juridica de Combate à Impunidade, vol 1, julho de 2019, do Movimento de Combate à Impunidade, p. 340

93. Revista Jurídica de Combate à Impunidade, vol 1, julho de 2019, do Movimento de Combate à Impunidade, p. 345

94. Juarez Cirino dos Santos, *Direito Penal (a nova parte geral)*, Forense, Rio de Janeiro, 1985, p. 245.

95. Eugênio Raúl Zaffaroni, *Reincidência: um conceito do direito penal autoritário*. Livro de Estudos Jurídicos, V. 6, 1990.

96. https://veja.abril.com.br/coluna/felipe-moura-brasil/video-o-radical-freixo-defende-ate-anistia-para-bandido/ e https://www.youtube.com/watch?v=axPD7tAbRhs

97. https://veja.abril.com.br/brasil/freixo-ve-execucao-no-assassinato-da-vereadora-marielle-franco/ e https://twitter.com/rmotta2/status/1438272796409303041?s=20

98. Carpes, Bruno. *O Mito do Encarceramento em Massa*. Editora EDA, 2021, p.68

99. https://www.metropoles.com/distrito-federal/seguranca-df/seguranca-98-dos-presos-no-df-em-2019-voltaram-as-ruas

100. https://m.facebook.com/story.php?story_fbid=1037596506398171&id=208161122675051&_rdr

101. https://www.revistanoi.com.br/editorias/justica/quem-vive-atras-das-grades.html

102. https://www.the-sun.com/news/2448267/josef-fritzl-elisabeth-girl-in-the-basement/

103. https://en.wikipedia.org/wiki/Hi-Fi_murders

104. https://www.foxnews.com/us/oklahoma-murder-suspects-sex-crowbar-attack-fayetteville-arkansas-denison-johnson-maguire

105. https://edition.cnn.com/2022/01/08/europe/german-cannibal-killer-intl-grm/index.html

106. https://edition.cnn.com/2022/01/08/europe/france-spain-femicide-intl-cmd/index.html

107. Edmund White, City Boy: My Life in New York During the 1960s and 70s, Bloomsbury, 2009, p.210

108. Thomas Sowell, *Intellectuals and Society*. Basic Books, 2011, pp. 288-294

109. Barry Latzer, *The Rise and Fall of Violent Crime in America*. Encounter Books, 2016, p.100

110. Barry Latzer, *The Rise and Fall of Violent Crime in America*. Encounter Books, 2017, p.266

111. https://jc.ne10.uol.com.br/blogs/jamildo/2010/09/08/renda-no-nordeste-e-a-que-mais-cresce-e-diferenca-para-regioes-mais-ricas-cai-aponta-ibge/index.html

112. Mapa da Violência, http://www.mapadaviolencia.org.br

113. The Rise and Fall of Violent Crime in America, Barry Latzer, Encounter Books, 2017. P.44

114. Mapa da Violência, http://www.mapadaviolencia.org.br

115. Geert Hofstede, Geret Jan Hofstede e Michael Minkov. Cultures and Organizations: Software of the mind. McGraw Hill, 2010

116. North, Douglass, Institutions, Institutional Change and Economic Performance, Cambridge University Press, 1990.

117. https://revistaoeste.com/politica/deputada-do-psol-quer-descriminalizar-furto-por-necessidade/

118. https://www.conjur.com.br/2017-mai-16/principio-insignificancia-aplica-furto-celular-stf

119. Terra, Carlos; Terra, Marion. *Traído pela Obediência* (p. 8). Viseu. Kindle Edition.

120. Terra, Carlos; Terra, Marion. *Traído pela obediência* (p. 8). Viseu. Kindle Edition, p.26

121. https://g1.globo.com/ba/bahia/noticia/2021/03/22/morte-do-adolescente-estuprado-e-queimado-vivo-completa-20-anos-familia-reclama-de-demora-no-julgamento-de-pastores.ghtml

122. https://www.correio24horas.com.br/noticia/nid/morre-pai-de-lucas-terra-adolescente-assassinado-por-ex-bispos-da-universal/

123. https://www.conjur.com.br/2008-jun-25/bispos_acusados_matar_menino_recorrem_supremo

124. https://www.correio24horas.com.br/noticia/nid/lucas-terra-pastores-acusados-de-participar-de-crime-seguem-em-cargos-na-igreja/

125. https://extra.globo.com/noticias/brasil/bispo-da-universal-preso-por-assassinato-de-jovem-516116.html

126. https://g1.globo.com/bahia/noticia/2012/03/sou-formiga-diante-de-elefante-diz-pai-de-jovem-morto-ha-11-anos-na-ba.html

127. http://g1.globo.com/bahia/noticia/2012/07/condenado-por-matar-lucas-terra-cumpre-regime-aberto-na-bahia.html

128. https://g1.globo.com/ba/bahia/noticia/2019/02/22/pai-do-adolescente-lucas-terra-morre-18-anos-apos-estupro-e-assassinato-do-filho.ghtml

129. https://www.nytimes.com/2019/04/27/us/marijuana-california-legalization.html

130. https://www.bbc.com/portuguese/internacional-50935153

131. https://www.theatlantic.com/magazine/archive/2019/01/california-marijuana-crime/576391/

132. https://medicalmarijuana.procon.org/questions/what-chemicals-are-in-marijuana-and-its-byproducts/

133. The Problem with the Current High Potency THC Marijuana from the Perspective of an Addiction Psychiatrist, Missouri Medicine - The Journal of The Missouri State Medical Association, da US National Library of Medicine National Institutes of Health: https://www.ncbi.nlm.nih.gov/pmc/articles/PMC6312155/

134. University of Michigan. Monitoring the Future. 2014. http://www.monitoringthefuture.org/pubs/monographs/mtf-overview2014.pdf

135. Volkow ND, et al. Adverse Health Effects of Marijuana Use. N Engl J Med. 2014;370:2219–2227: https://www.ncbi.nlm.nih.gov/pmc/articles/PMC4827335/

136. Examining the profile of high-potency cannabis and its association with severity of cannabis dependence, Freeman TP, Winstock AR Psychol Med. 2015 Nov; 45(15):3181-9: https://pubmed.ncbi.nlm.nih.gov/26213314/

137. Pierre JM. Risks of increasingly potent Cannabis: the joint effects of potency and frequency. Current Psychiatry. 2017. https://scholar.google.com/scholar_lookup?journal=Current+Psychiatry&title=Risks+of+increasingly+potent+Cannabis:+the+joint+effects+of+potency+and+frequency&author=JM+Pierre&volume=16&publication_year=2017&pages=14-20&

138. Young adult sequelae of adolescent cannabis use: an integrative analysis. Silins E, Horwood LJ, Patton GC, Cannabis Cohorts Research Consortium. Lancet Psychiatry. 2014 Sep; 1(4):286-93: https://www.ncbi.nlm.nih.gov/pubmed/26360862/

139. https://oglobo.globo.com/rio/pm-remove-faixa-colocada-perto-de-escola-em-sao-goncalo-que-proibia-uso-de-drogas-23753765

140. Barry Latzer, *Ascenção e Queda do Crime Violento*. Encounter Books, p. 176

141. Barry Latzer, *Ascenção e Queda do Crime Violento*. Encounter Books, p. 176

142. Bloom, Allan. The Closing of the American Mind, Simon and Schuster, 2012, p.80

143. *Rumo a uma Sociedade Libertária*. LVM, 2018, p. 177

144. Barry Latzer, *Ascenção e Queda do Crime Violento*. Encounter Books, p. 223

145. https://www.government.se/496f5b/contentassets/89b85401ed204484832fb-1808cad6012/rk_21164_broschyr_narkotika_a4_en_3_tillg.pdf

146. Revista Juridica de Combate à Impunidade, vol 1, julho de 2019, do Movimento de Combate à Impunidade, p. 128

147. Thomas Sowell Quotes. BrainyQuote.com, BrainyMedia Inc, 2021. https://www.brainyquote.com/quotes/thomas_sowell_163937, accessed December 24, 2021.

148. Fonte: Ministério Público do Estado do Rio de Janeiro, Procuradora Flávia Ferrer

149. http://g1.globo.com/to/tocantins/noticia/2014/07/menor-e-suspeito-de-matar-bebe-e-esfaquear-mae-e-filha-no-tocantins.html

150. https://vejario.abril.com.br/cidade/menor-suspeito-de-participar-de-estupro-coletivo-se-entrega/

151. http://g1.globo.com/sp/santos-regiao/noticia/2016/03/pm-e-morto-apos-suspeito-tomar-sua-arma-menor-foi-baleado-e-morreu.html

152. http://g1.globo.com/jornal-hoje/noticia/2015/05/mae-e-presa-em-fortaleza-acusada-de-matar-filho-autista-com-veneno.html.

153. http://g1.globo.com/rio-de-janeiro/noticia/2015/05/menor-apreendido-por-morte-de-gold-ja-respondeu-por-assalto-com-morte.html

154. http://g1.globo.com/rio-de-janeiro/noticia/2015/05/menor-apreendido-por-morte-de-gold-ja-respondeu-por-assalto-com-morte.html

155. https://g1.globo.com/rio-de-janeiro/noticia/jovem-condenado-por-matar-medico-jaime-gold-e-preso-por-suspeita-de-assalto-a-supermercado.ghtml

156. https://www.conjur.com.br/2019-mai-24/fachin-limita-ocupacao-unidades-socioeducativas-estados

157. https://oglobo.globo.com/rio/decisao-do-stf-liberou-542-menores-infratores-desde-junho-entre-eles-estupradores-homicidas-23857166

158. https://oglobo.globo.com/rio/adolescente-que-matou-pm-em-assalto-onibus-foi-beneficiado-por-liminar-de-fachin-24022715

159. https://redir.stf.jus.br/paginadorpub/paginador.jsp?docTP=TP&docID=753732203

160. https://www.cnj.jus.br/rio-de-janeiro-cria-central-de-vagas-no-sistema-socioeducativo/

161. https://exame.com/brasil/homens-com-fuzis-assaltam-restaurante-na-barra-da-tijuca-no-rio/

162. https://g1.globo.com/rj/rio-de-janeiro/noticia/2020/07/06/rj-tem-14-mil-favelas-dominadas-por-criminosos-aponta-relatorio.ghtml

163. https://www.smallarmssurvey.org/

164. Dados de armas do Small Arms Survey, dados de homicídios do Brasil do Atlas da Violência 2019 (https://www.ipea.gov.br/portal/images/stories/PDFs/relatorio_institucional/190605_atlas_da_violencia_2019.pdf) e dados de homicídios de Portugal de https://pt.countryeconomy.com/demografia/homicidios/portugal

165. A Fronteira Desglobalizada – Os Instrumentos de Cooperação Internacional e sua (Des)Conexão com a Realidade Fronteiriça, artigo de Alessandro Maciel Lopes na coletânea (Re)Definições das Fronteiras – Visões Interdisciplinares, Juruá Editora, 2016, p.54

166. A Fronteira no Cenário do Delito, artigo de Antonio Cesar Bochenek na coletânea (Re)Definições das Fronteiras – Visões Interdisciplinares, Juruá Editora, 2016, p.122

167. Fontes: https://epoca.globo.com/coluna-o-problema-da-posse-do-porte-de-armas-no-rio-tem-um-tamanho-11-23910470

168. https://gauchazh.clicrbs.com.br/seguranca/noticia/2021/11/juiza-determina-que-detentos-do-presidio-central-tenham-tempo-de-cumprimento-de-pena-reduzido-ckwckoq6j000501feplezo5wf.html

169. http://g1.globo.com/sc/santa-catarina/noticia/2016/04/mae-da-menina-laura-e-presa-preventivamente-em-araquari-sc.html

170. http://g1.globo.com/sp/santos-regiao/noticia/2016/03/mataram-porque-ele-nao-tinha-nada-diz-pai-de-estudante-morto-em-sp.html

171. "Criança é morta após ladrão se irritar com R$ 7 no caixa de lanchonete". *Folha de S.Paulo*, 20 de março de 2016, http://www1.folha.uol.com.br/cotidiano/2016/03/1752095-crianca-e-morta-apos-ladrao-se-irritar-com-r-7-no-caixa-de-lanchonete.shtml.

172. "Moradia no exterior após pena por morte de João Hélio", *O Dia*, 18 de fevereiro de 2010, http://odia.ig.com.br/portal/rio/moradia-no-exterior-após-pena-por-morte-de-joão-hélio-1.204427.

173. https://guaiba.com.br/2018/07/20/homem-que-ateou-fogo-em-ex-namorada-e-condenado-a-7-anos-e-11-meses-de-prisao/

174. https://extra.globo.com/noticias/rio/torturador-de-tim-lopes-sai-da-prisao-nao-volta-707619.html

175. http://g1.globo.com/rio-de-janeiro/noticia/2010/05/condenado-por-morte-de-tim-lopes-obtem-regime-semiaberto-e-foge.html

176. https://oglobo.globo.com/rio/apos-7-anos-invasao-do-hotel-intercontinental-segue-impune-21922798

177. https://blogs.oglobo.globo.com/eissomesmo/post/marcia-tiburi-disse-que-e-favor-do-assalto-e-isso-mesmo.html

178. https://oglobo.globo.com/cultura/os-caes-farejam-medo-23908711

179. Barry Latzer, *The Rise and Fall of Violent Crime in America*. Encounter Books, 2017, p. ix

180. Barry Latzer, *The Rise and Fall of Violent Crime in America*. Encounter Books, 2017, p.252

181. Barry Latzer, *The Rise and Fall of Violent Crime in America.* Encounter Books, 2017, p.256

182. https://g1.globo.com/rj/rio-de-janeiro/noticia/jovem-e-assassinado-enquanto-esperava-carro-de-aplicativo-de-carona-em-sao-cristovao.ghtml

183. https://gauchazh.clicrbs.com.br/seguranca/noticia/2016/11/homem-morto-na-redencao-e-o-31-latrocinio-de-porto-alegre-em-2016-8308445.html

ASSINE NOSSA NEWSLETTER E RECEBA INFORMAÇÕES DE TODOS OS LANÇAMENTOS

www.faroeditorial.com.br

CAMPANHA

Há um grande número de portadores do vírus HIV e de hepatite que não se trata. Gratuito e sigiloso, fazer o teste de HIV e hepatite é mais rápido do que ler um livro.

FAÇA O TESTE. NÃO FIQUE NA DÚVIDA!

ESTA OBRA FOI IMPRESSA EM MAIO DE 2022